WE ARE FEMINISTS

Fe·mi·nis·mus

/femiˈnɪsmʊs/

Richtung der Frauenbewegung, derzufolge die Rollenverteilung nicht geschlechtsabhängig ist.

Herkunft: Spätes 19. Jahrhundert, von französisch féminisme. Wortschöpfung dem französischen Sozialphilosophen Charles Fourier (1772–1837) zugeschrieben, der die Befreiung der Frau als Maßstab für den gesellschaftlichen Fortschritt betrachtete.

WE ARE FEMINISTS

EINE KURZE GESCHICHTE DER FRAUENRECHTE

Vorwort von
Margarete Stokowski

Illustrationen von
Rebecca Strickson

PRESTEL
MÜNCHEN · LONDON · NEW YORK

INHALT

VORWORT VON MARGARETE STOKOWSKI

Wenn man beginnt, sich mit der Geschichte des Feminismus zu beschäftigen, passieren oft zwei Dinge.

Das erste ist die Feststellung: Oh, wow, so lange dauern all diese Kämpfe schon an. Es kann manchmal einschüchternd sein zu sehen, seit wie vielen Generationen überall auf der Welt Frauen dafür kämpfen, gleiche Rechte und Freiheiten zu bekommen – und wie wahnsinnig viel dabei immer noch zu tun ist. Seit über 100 Jahren kämpfen Frauen für das Recht auf legale Schwangerschaftsabbrüche, in einigen Ländern haben sie es geschafft. In anderen, zum Beispiel in Deutschland, noch nicht, und es sieht nicht danach aus, als würde sich daran bald etwas ändern.

Das zweite, was passiert, wenn man all die Vorkämpferinnen und ihre Errungenschaften betrachtet, ist ein positiveres Gefühl: Wenn wir uns heute für die Rechte und Freiheiten von Frauen einsetzen, dann sind wir Teil einer riesigen Bewegung. Wir sind mitten in einer Revolution.

Wir haben es dabei in vielerlei Hinsicht leichter als frühere Feministinnen. Frauen können Geld verdienen und es behalten, sich für oder gegen Ehe und Kinder entscheiden, Chefinnen und Staatsoberhäupter werden oder ins All fliegen. Gleichzeitig gibt es aber auch sehr viele Menschen, die meinen, dass es jetzt doch endlich mal genug sei mit dem Feminismus. Es ist noch lange nicht genug. Dieses Buch erzählt davon, wie viel schon gewonnen ist und wie viel es immer noch zu erkämpfen gilt.

Frauen verdienen immer noch nicht gleich viel Geld wie Männer. Sie können zwar wählen, sind in den Parlamenten aber fast immer noch unterrepräsentiert, und sie erledigen immer noch die meiste Haus- und Erziehungsarbeit. Die Argumente, mit denen Menschen all diese Probleme kleinreden wollen, sind immer noch dieselben wie vor Jahrzehnten: Frauen würden sich ja selbst dafür entscheiden, sie seien eben nicht so durchsetzungsstark und am Ende doch am glücklichsten als Mutter, und zwar als eine, die sich nie beschwert.

Wer sich heute als Feministin oder Feminist bezeichnet, bekommt außerdem nicht selten zu hören, dass der Begriff doch langsam ausgedient habe. Hat er nicht. Es wäre nicht nur undankbar, sondern auch dumm, sich von früheren Feministinnen zu distanzieren, wenn sie doch diejenigen sind, die dafür gesorgt haben, dass wir heute wählen, studieren, ein Bankkonto eröffnen und Hosen tragen können. Es ist eine Ehre, sich in diese Reihe zu stellen und weiterzukämpfen.

Und es ist kein Zufall, dass viele der Frauen, die in diesem Buch vertreten sind, in Geschichtsbüchern nur selten auftauchen, denn Geschichtsbücher werden oft immer noch von Männern über Männer geschrieben, obwohl das Leben sehr vieler Menschen heute vollkommen anders aussähe, wenn es all die Feministinnen nicht gegeben hätte, die ihre Kämpfe häufig mit dem Leben bezahlen mussten. Es wäre gelinde gesagt unhöflich, davon zu wissen und sich dann heute umzuschauen und zu sagen: Alles klar, und jetzt reicht es. Es reicht noch lange nicht. Und wenn darüber diskutiert wird, ob wir uns heute noch in der dritten Welle des Feminismus befinden oder schon in der vierten, dann ist das ein gutes Zeichen: Denn Feminismus ist heute nicht deswegen aktuell, weil er dann und wann mal wiederkommt wie Schlaghosen, die mal in Mode sind und mal nicht, sondern weil er eine weltweite Bewegung ist, die laut und stark ist und sich nicht mehr zum Schweigen bringen lässt.

NOT
BOSSY
just
in control

1 Erste Welle des Feminismus

ab 1840

Ausgehend von der Forderung nach gleichen Bürgerrechten vereinigen sich Frauen, um für ihre Rechte zu kämpfen:

- Wahlrecht
- eigener Besitz
- Bildung
- Verhütung

1808
Fourier entwirft die Utopie einer Gesellschaft mit Frauenrechten

1859
Darwin veröffentlicht *Über die Entstehung der Arten*

1861–1865
Amerikanischer Bürgerkrieg

1865
13. Verfassungszusatz hebt die Sklaverei in den USA auf

EINFÜHRUNG

Während der ersten Welle entwickelte sich der Feminismus zu einer echten Bewegung. Zuvor beruhte er auf Einzelinitiativen und bahnbrechender politischer Publizistik. Streitbare »Protofeministinnen« kämpften für ihre politischen, wirtschaftlichen und sozialen Rechte. Im 19. Jahrhundert wurde der Feminismus zum Gemeinschaftsanliegen und begann sich zu organisieren. Mit dem Aufbau von Verbänden und der Rekrutierung von Mitgliedern sowie mit neuen Formen des Protests gelang es den Vorkämpferinnen der ersten Welle, mit kollektiver Schlagkraft weltweit einen Wandel in der rechtlichen Situation der Frauen herbeizuführen.

Die vorherrschende Sichtweise der »getrennten Sphären« wies der Frau eine Rolle im häuslichen Bereich zu; sanftmütig, fürsorglich und häuslich sollte sie sein. Frauen wie Männer schreckten vor den gesellschaftlichen Folgen zurück, falls Frauen auch politisch eine Stimme erhielten: Sie prophezeiten den Zusammenbruch der gesellschaftlichen Ordnung und hatten für die Forderung nach Gleichberechtigung meist nur Spott übrig.

Nur eine Mitsprache im Parlament verhieß Erfolg. Ab den 1890er-Jahren forderte die Wahlrechtsbewegung daher die Regierungen mit Petitionen dazu auf, Frauen das aktive und passive Wahlrecht zu gewähren. Trotz der Meinungsverschiedenheiten über die einzuschlagende Taktik und der Abspaltung der militanten britischen

1900
Erste Teilnahme von Frauen bei den Olympischen Spielen

1914
Beginn des Ersten Weltkriegs

1920
Gandhis Bewegung des passiven Widerstands in Indien

1920–1933
Verhängung der Prohibition in den USA

ab 1930
Legalisierung der Verhütung in mehreren Ländern

Suffragetten von den gemäßigten Suffragisten stand am Ende ein Erfolg: Das allgemeine Wahlrecht ist die bedeutendste Errungenschaft der ersten Feminismuswelle. Emmeline Pankhurst behielt recht: »Nichts auf Erden und nichts im Himmel wird die Frauen nachgeben lassen«, hatte sie bereits 1914 in einer Rede verkündet.

Das Wahlrecht war nicht das einzige wichtige Ziel. Frauen besaßen kaum wirtschaftliche Freizügigkeit; das patriarchalische Familienrecht behandelte die Frau effektiv als Eigentum ihres Mannes, sobald sie geheiratet hatte. Frauenrechtlerinnen der ersten Generation kämpften dafür, ihr eigenes Geld besitzen und vererben zu dürfen, selbstständig Verträge abzuschließen und wirtschaftlich voll handlungsfähig zu sein.

Die Überwindung der »getrennten Sphären« beinhaltete auch den gleichberechtigten Zugang zum Bildungswesen, damit Frauen überhaupt ins öffentliche Leben eintreten konnten. Das heute selbstverständliche Recht der Frauen auf Bildung ist jenen Pionierinnen zu verdanken, die Bildungseinrichtungen für Frauen eröffneten und für ein demokratischeres Schul- und Universitätswesen eintraten.

Eine der umstrittensten Forderungen der Reformbewegung war der legale Vertrieb von Verhütungsmitteln. Die Geburtenkontrollbewegung, die Sexualität als Teil der öffentlichen Gesundheit begriff, markierte den Übergang von der strengen viktorianischen Moral zu einer freizügigeren Gesellschaft und ebnete den Weg für die zweite Welle des Feminismus.

DIE ERSTE WELLE IM HISTORISCHEN KONTEXT

Der Feminismus der ersten Welle hängt eng mit dem Kampf um soziale Gerechtigkeit zusammen. Neue Ideologien sowie Fortschritte in Politik und Wissenschaft definierten auch die Rolle der Frau neu.

1840

ABSCHAFFUNG DER SKLAVEREI

Frauen engagierten sich zugleich für den Abolitionismus, der die Sklaverei abschaffen wollte, und die Wahlrechtsbewegung in Amerika und Europa. Die Verhöhnung und Diskriminierung von Frauen, die sich gegen die Sklaverei aussprachen, förderten sogar das Entstehen der Frauenrechtsbewegung. Der Abolitionismus setzte sich schrittweise durch. Während Großbritannien 1807 den transatlantischen Sklavenhandel verbot, wurden erst 1838 alle Sklaven in den britischen Kolonien tatsächlich befreit. Die Vereinigten Staaten schafften 1807 die Einfuhr von Sklaven ab, aber die Sklaverei selbst endete endgültig erst mit dem 13. Verfassungszusatz 1865.

1848

ENTSTEHUNG DES KOMMUNISMUS

Das *Kommunistische Manifest* von Karl Marx und Friedrich Engels propagierte eine radikale Vision von Gleichheit und beeinflusste zahlreiche politische und soziale Bewegungen bis hin zur Gründung der ersten sozialistischen Republik 1917. Marx und Engels sahen die Wurzel der Unterdrückung von Frauen in ihrer familiären Rolle und der unbezahlten Hausarbeit. Die junge Sowjetunion betonte die Gleichstellung der Geschlechter; Frauen traten zu Tausenden ins Erwerbsleben ein. Schwangerschaftsabbruch, Scheidung, Arbeitnehmerrechte, Mutterschutz und Zivilehe fanden Eingang ins Familienrecht.

1914

DER KAMPF UM LEGALE VERHÜTUNG UND GEBURTENKONTROLLE

Die Geburtenkontrollbewegung forderte die Befreiung der Frau aus ihrer Rolle als unfreiwillige Gebärmaschine. Dazu gehörte auch der Kampf gegen die restriktiven Comstock-Gesetze, die in den USA seit 1873 die Verbreitung von Informationen über Verhütungsmittel unter Strafe stellten. Aletta Jacobs in den Niederlanden, Marie Stopes in Großbritannien und Margaret Sanger in den USA kämpften publizistisch oder mit der Gründung von Kliniken für die Familienplanung. Dadurch, dass sie einen Unterschied zwischen Sexualität und Fortpflanzung machten, brachen sie Tabus auf und setzten die Thematik der reproduktiven Rechte erstmals auf die politische Agenda.

1918

DIE FOLGEN DES ERSTEN WELTKRIEGES

Der Erste Weltkrieg löste politische, kulturelle und wirtschaftliche Umbrüche sowie soziale Verwerfungen aus. Davon waren fast alle Kontinente betroffen – auch jene Länder, die nicht direkt in die Kampfhandlungen verwickelt waren. Frauen erhielten jetzt vielfach das Wahlrecht; sie hatten während des Konflikts an der Heimatfront neue Berufsfelder erobert und ihre Vielseitigkeit unter Beweis gestellt. Die Vorstöße in klassische Männerdomänen erwiesen sich in den Nachkriegsjahren jedoch häufig nicht als dauerhaft, weswegen die Unzufriedenheit der Frauen wuchs und später in die zweite Welle des Feminismus mündete.

ab 1920

»FLAPPER« UND »BUBIKÖPFE«

Der Wohlstand und die kulturelle Blüte der Zwanzigerjahre brachten eine neue Form der Weiblichkeit hervor: »Flapper« waren Frauen, die die überkommenen viktorianischen Moralvorstellungen über den Haufen warfen. Sie trugen kurze Röcke, tranken Alkohol, rauchten Zigaretten, bevorzugten lockere Kurzfrisuren anstelle von aufgesteckten Haaren, hörten Jazz, flirteten ohne Skrupel und pflegten ein leichtsinniges und unabhängiges Image. Ihr Freiheitsanspruch spiegelte sich auch in der Mode wider: locker sitzende Kleider, in denen sie sich gut bewegen und tanzen konnten.

1929

WIRTSCHAFTSKRISE UND FASCHISMUS

Der Börsenkrach an der Wall Street läutete den schlimmsten wirtschaftlichen Abschwung in der Geschichte der industrialisierten Welt ein, der als Weltwirtschaftskrise (1929–1939) in die Geschichte einging. Während der Aufschwung bis dahin neue Freiheiten für Frauen mit sich gebracht hatte, bewirkten Schuldenkrise und soziale Not das genaue Gegenteil. In Europa ergriffen autoritäre Regime die Macht: die Faschisten 1922 in Italien, die Nationalsozialisten 1933 in Deutschland. Mühsam erkämpfte Rechte wurden wieder beschnitten, Frauen aus dem Erwerbsleben verdrängt, Verhütung und Schwangerschaftsabbruch kriminalisiert.

WEGBEREITERINNEN DES FEMINISMUS

Lange bevor der Feminismus zur Massenbewegung wurde, prangerten einzelne Vorreiterinnen Ungleichheit an, thematisierten die Geschlechterfrage und stellten den patriarchalischen Status quo infrage.

1405

CHRISTINE DE PIZAN, französische Schriftstellerin mit italienischen Wurzeln, gehört zu den frühen Vertreterinnen feministischer Literatur, die die Sache der Frauen unter anderem im *Buch von der Stadt der Frauen* verfocht. Sie gilt als die erste Europäerin, die von ihrer Autorentätigkeit leben konnte.

1700

SOR JUANA INÉS DE LA CRUZ war eine mexikanische Gelehrte und Nonne des Hieronymitenordens. Ihr berühmtestes, postum veröffentlichtes Werk *Respuesta a Sor Filotea de la Cruz (Die Antwort an Schwester Filothea de la Cruz)* gilt als protofeministischer Text und plädiert für den Zugang von Frauen zur Bildung.

1761

HEDVIG CHARLOTTA NORDENFLYCHT war eine schwedische Dichterin und Frauenrechtlerin. Sie veröffentlichte unter eigenem Namen, was ungewöhnlich war, und betonte in ihrer Dichtung die Klugheit der Frauen, besonders in *Fruentimrets försvar (Verteidigung der Frau).*

1791

OLYMPE DE GOUGES war eine französische Theaterautorin und Aktivistin, die sich in ihren Schriften für Frauenrechte und Abschaffung der Sklaverei einsetzte. Sie forderte die männliche Autorität mit ihrer *Erklärung der Rechte der Frau und Bürgerin* (1791) heraus, in der sie die behauptete Ungleichheit von Mann und Frau infrage stellte. Während der Schreckensherrschaft der Jakobiner wurde sie als Regimegegnerin hingerichtet.

1792 | **MARY WOLLSTONECRAFT** war eine britische Verfechterin von Frauenrechten und Autorin von *A Vindication of the Rights of Woman (Verteidigung der Rechte der Frau)*, worin sie die Auffassung vertrat, dass Frauen angesichts ihres Beitrags zur Familie das gleiche Recht auf Bildung wie die Männer besäßen.

1869 | **JOHN STUART MILL** war ein britischer Philosoph und Politiker. In *The Subjection of Women (Die Hörigkeit der Frau)* bestritt er, dass Frauen weniger befähigt als Männer seien, und forderte Maßnahmen zur Gleichberechtigung. Als Parlamentarier brachte Mill erfolglos einen Antrag zur Wahlrechtsreform von 1832 ein, der geschlechtsneutrale Formulierungen zum Ziel hatte. Als erster Abgeordneter befürwortete er das gleiche Wahlrecht.

1845 | **MARGARET FULLER** war Journalistin, Literaturkritikerin und Vorkämpferin für Frauenrechte. Sie berichtete als erste amerikanische Frau von ausländischen Kriegsschauplätzen. Ihr Buch *Woman in the Nineteenth Century* gilt mit seinem Bekenntnis zu den intellektuellen Fähigkeiten der Frau als erstes bedeutendes Werk des amerikanischen Feminismus.

1881 | **ANNA MARIA MOZZONI** übersetzte John Stuart Mills *Die Hörigkeit der Frau* ins Italienische und gilt als Initiatorin der italienischen Frauenbewegung. 1881 gründete sie die »Lega promotrice degli interessi femminili« (»Liga für die Förderung der Rechte der Frauen«) und stand mit an der Spitze im Kampf um das Frauenwahlrecht in Italien.

1848

SENECA FALLS CONVENTION, NEW YORK, USA

VERÄRGERT ÜBER DEN AUSSCHLUSS VON FRAUEN VOM WELTKONGRESS GEGEN SKLAVEREI 1840 IN LONDON, ORGANISIEREN LUCRETIA MOTT UND ELIZABETH CADY STANTON EINE EIGENE VERSAMMLUNG MIT 200 FRAUEN UND 40 MÄNNERN. SIE VERABSCHIEDEN ZWÖLF RESOLUTIONEN, IN DENEN SIE AUSDRÜCKLICH DIE GLEICHBERECHTIGUNG DER FRAUEN FORDERN, DARUNTER MIT KNAPPER MEHRHEIT DEN AUFRUF ZUR VERWIRKLICHUNG DES WAHLRECHTS FÜR FRAUEN.

“

WIR HALTEN DIESE WAHRHEITEN FÜR SELBSTVERSTÄND-LICH, DASS ALLE MÄNNER UND FRAUEN GLEICH ERSCHAFFEN WURDEN.

ELIZABETH CADY STANTON (1815–1902)

AKTIVISTIN GEGEN SKLAVEREI UND FÜHRENDE PERSÖNLICHKEIT DER FRÜHEN FRAUENBEWEGUNG IN AMERIKA

”

»Männern ihre Rechte und nicht mehr; Frauen ihre Rechte und nicht weniger.«

Der Name von Susan B. Anthony ist untrennbar mit dem Kampf um das Frauenwahlrecht in Amerika verbunden. Anthony stammte aus einer Familie von Quäkern, die sich für soziale Gleichstellung engagierte, was auch die schulische Ausbildung von Susan einschloss. Sie setzte sich früh für soziale Reformen ein und sammelte mit 17 Jahren Unterschriften für eine Petition zur Abschaffung der Sklaverei. 1851 lernte sie Elizabeth Cady Stanton kennen, mit der sie fortan eine tiefe Freundschaft verband. 1848 organisierten beide die erste Frauenrechtskonferenz in Seneca Falls. 1869 gründeten sie eine eigene Organisation, die 1890 in der National American Woman Suffrage Association aufging. Anthony stand bis 1900 an deren Spitze, reiste unermüdlich und hielt bis zu 100 Reden pro Jahr. Sie starb 1906 und erlebte daher die Verankerung des Frauenwahlrechts in der Verfassung 1920 nicht mehr. Susan B. Anthony wurde 1979 als erste Frau mit einem Porträt auf einer Dollar-Münze gewürdigt.

Susan B. Anthony

USA

1820–1906

SUSAN B. ANTHONY

1873

SCHWEDEN

ANNA HIERTA-RETZIUS UND ELLEN ANCKARSVÄRD GRÜNDEN DEN »VEREIN FÜR DAS RECHT DER VERHEIRATETEN FRAUEN AUF EIGENTUM«, DIE ERSTE SCHWEDISCHE FRAUEN-RECHTSORGANISATION, UM DEN KAMPF GEGEN DAS PATRIARCHALISCHE FAMILIENRECHT AUFZUNEHMEN.

1878

FRANKREICH

MARIA DERAISMES ORGANISIERT ZUSAMMEN MIT LÉON RICHER IN PARIS DEN ERSTEN INTERNATIONALEN KONGRESS FÜR DIE RECHTE DER FRAUEN. DORT WERDEN SIEBEN ENTSCHLIESSUNGEN ANGENOMMEN, DARUNTER DIE ERKLÄRUNG »DIE ERWACHSENE FRAU IST DEM ERWACHSENEN MANN GLEICHWERTIG«.

1888

USA

SUSAN B. ANTHONY UND ELIZABETH CADY STANTON UNTERSTÜTZEN DIE GRÜNDUNG DES »INTERNATIONAL COUNCIL OF WOMEN« (ICW, INTERNATIONALER FRAUENRAT), UM LÄNDERÜBERGREIFEND FÜR FRAUENRECHTE EINZUTRETEN. 53 ORGANISATIONEN AUS NEUN LÄNDERN NEHMEN AN DER GRÜNDUNGSSITZUNG TEIL.

1889

NIEDERLANDE

WILHELMINA DRUCKER GRÜNDET DIE ERSTE FRAUENORGANISATION IN DEN NIEDERLANDEN, DIE »VRIJE VROUWEN VEREENIGING« (FREIE FRAUENVEREINIGUNG). DIESE GRUPPIERUNG SPIELT AUCH EINE SCHLÜSSELROLLE BEI DER VERBREITUNG EIGENER IDEEN IM NACHBARLAND: MIT AUSDRÜCKLICHER BILLIGUNG VON DRUCKER ENTSTEHT DORT 1892 DIE »LIGUE BELGE DU DROIT DES FEMMES« (BELGISCHE LIGA FÜR FRAUENRECHT).

FRÜHE FEMINISTISCHE LITERATUR

Lange vor dem Aufkommen der feministischen Theorie veröffentlichten Schriftstellerinnen einflussreiche belletristische und Sachtexte, die für die Unabhängigkeit von Frauen eintraten und das patriarchalische Denken infrage stellten.

1871 Unter dem männlichen Pseudonym **GEORGE ELIOT** veröffentlicht die Britin Mary Anne Evans den Roman *Middlemarch*. Im Mittelpunkt steht Dorothea, eine vielschichtige Persönlichkeit, deren Konflikte mit der starren englischen Gesellschaft Fragen nach dem Status der Frau, dem Wesen der Ehe und der Selbstaufopferung der Frauen aufwerfen.

1873 **ELIZA ORZESZKOWA** genoss hohes Ansehen in polnischen Literatenkreisen. Ihr Roman *Marta* beschreibt das Unglück und die Verarmung, in die eine Frau durch den Tod ihres Mannes gestürzt wird, und die Suche nach einer Anstellung, die ihr eigenes Überleben und das ihrer Tochter sichert. Jedes Mal wird die Bewerberin mit der Begründung abgewiesen, dass Männer sich besser als Angestellte eignen.

1879 Der norwegische Dramatiker **HENRIK IBSEN** unterzieht in seinem Stück *Nora oder Ein Puppenheim* die Institution Ehe einer scharfen Kritik und beschreibt die erstickende Atmosphäre der Häuslichkeit. Dargestellt wird, wie die Hausfrau Nora aus ihrer Rolle als dekoratives Püppchen auszubrechen versucht und um Anerkennung als Individuum ringt. Das Stück löste Debatten über die gesellschaftliche Rolle der Frau aus und inspirierte Feministinnen weltweit.

1892 Die Amerikanerin **CHARLOTTE PERKINS GILMAN** veröffentlicht ihre kontroverse Kurzgeschichte *The Yellow Wallpaper (Die gelbe Tapete)*, eine scharfsinnige Abrechnung mit dem zeittypischen Geschlechterdenken, vor allem im Hinblick auf die weibliche Psyche. Beängstigend eindringlich stellt sie den Verfall ihrer Protagonistin Jane dar, die im Wahnsinn versinkt, nachdem ihr Ehemann, der Arzt ist, ihr das Schreiben verbietet und sie als »Nervenkranke« in ihrem Schlafzimmer einsperrt.

1915 Die kanadische Aktivistin **NELLIE McCLUNG** legt ihr viertes Buch *In Times Like These* vor, das mit raffinierten Argumenten dafür plädiert, dass Frauen das Wahlrecht verdienen, das mit beliebten Klischees aufräumt und häufig erhobene Einwände widerlegt.

1909 **ALEXANDRA KOLLONTAI** saß als einzige Frau im Zentralkomitee der KPdSU. Sie war die erste Ministerin auf der Welt und konnte im Sozialressort das Recht auf Schwangerschaftsabbruch und Scheidung für die Frauen in der Sowjetunion durchsetzen. Nebenbei war sie journalistisch tätig und verfasste theoretische Schriften. Die Broschüre *Die sozialen Grundlagen der Frauenfrage* erschien bereits 1909 und geht den Ursachen der wirtschaftlichen Unterdrückung von Frauen nach.

1911 Die schwedische Autorin und Wahlrechtsaktivistin **ELLEN KEY** veröffentlicht *Liebe und Ehe*, eine Abhandlung über Mutterschaft, in der sie für Verhütung eintritt, staatliche Unterstützung für alle Mütter – auch unverheiratete – fordert und betont, dass »Liebe sogar ohne rechtlich bindende Ehe sittlich, Ehe ohne Liebe aber unsittlich« sei.

1929 Die britische Schriftstellerin **VIRGINIA WOOLF** veröffentlicht ihren wortmächtigen und noch immer aktuellen feministischen Essay *A Room of One's Own (Ein eigenes Zimmer)*. Ausgehend von Vorträgen, die sie in Cambridge gehalten hatte, rechtfertigt Woolf darin den Anspruch von Frauen auf einen eigenen Raum im wörtlichen wie im übertragenen Sinn, der ihnen finanzielle und intellektuelle Unabhängigkeit ermöglicht. Der Aufsatz ist ein Meilenstein feministischen Denkens und blieb seit seinem Erscheinen immer gedruckt lieferbar.

»Die Frau wird nie frei sein, [wenn] ... sie sich nicht als jene selbstbewusste, stolze Frau zeigt, die sich von ihren Fesseln befreien will.«

Die niederländische Politikerin und Schriftstellerin Wilhelmina Drucker spielte beim Kampf um Frauenrechte in den Niederlanden eine zentrale Rolle. Als unehelich geborene Tochter einer Näherin – ein Beruf, den sie ebenfalls erlernte – nahm sie bald an Treffen verschiedener sozialistischer Gruppierungen in Amsterdam teil. Davon beeinflusst und unter dem Eindruck ihrer eigenen Biografie begann sie, unter Pseudonym gegen die Doppelmoral ihrer Zeit zu schreiben, und setzte sich für die Rechte von Frauen ein. Im Jahr 1889 gründete Drucker den »VVV« (»Verein Freier Frauen«), 1893 auch die Wochenschrift *Evolutie* (»Evolution«), und hielt Vorträge über Frauenrechte im ganzen Land. Sie wurde Mitglied der Vereinigung »Onderlinge Vrouwenbescherming«, die sich für den Schutz von unverheirateten Müttern und ihrer Kinder einsetzte.

Wilhelmina Drucker

NIEDERLANDE

1847–1925

WILHELMINA
DRUCKER

DAS RECHT AUF EIGENEN BESITZ

Die Frauenrechtsbewegung trug dazu bei, verheiratete Frauen wirtschaftlich unabhängig zu machen. Sie wurden erbrechtlich gleichberechtigt, aber noch nicht überall: Mehrere Länder (z. B. Tunesien) haben diese Rechte noch nicht gewährt.

1753

RUSSLAND
Verheiratete Frauen erhalten das Recht auf »getrennte Wirtschaft«, die ihnen ein eigenes Einkommen ermöglicht.

1814

FRANKREICH
Frauen erhalten 1814 gleiche Erbrechte, die jedoch mit der Wiedereinführung der Monarchie verloren gehen.

ab 1839

USA (Bundesstaaten)
Die »Married Women's Property Acts« berechtigen u. a. Ehefrauen, zu erben und wirtschaftlich eigenständig zu sein.

1850

ISLAND
Frauen erhalten ein uneingeschränktes Recht auf Erbe zugesprochen.

1851

KANADA
Verheiratete Frauen werden wirtschaftlich eigenständig handlungsfähig.

1860

NEUSEELAND
Der »Married Women's Property Protection Act« schützt die Einkünfte verheirateter Frauen.

1865

IRLAND
Der »Married Women's Property Act« berechtigt Ehefrauen zum Erwerb und Verkauf von Eigentum.

1867

PORTUGAL
Verheiratete Frauen werden wirtschaftlich eigenständig handlungsfähig.

1870

MEXIKO
Verheiratete Frauen werden wirtschaftlich eigenständig handlungsfähig.

1881

SCHOTTLAND
Verheiratete Frauen dürfen legal selbst Geld verdienen und Besitz erben.

1882

GROSSBRITANNIEN
Der »Married Women's Property Act« erlaubt Ehefrauen Besitz und dessen Verwaltung.

1884

AUSTRALIEN
Als erster Bundesstaat ermöglicht Victoria verheirateten Frauen eigenen Besitz.

Legende

- Europa
- Nordamerika
- Afrika
- Asien
- Südamerika
- Australasien

1917
KUBA
Verheiratete Frauen werden wirtschaftlich eigenständig handlungsfähig.

1919
ITALIEN
Verheiratete Frauen werden wirtschaftlich eigenständig handlungsfähig.

1922
GROSSBRITANNIEN
Gleichberechtigte Erbansprüche anerkannt.

1925
CHILE
Verheiratete Frauen werden wirtschaftlich eigenständig handlungsfähig.

1926
TÜRKEI
Der gleichberechtigte Erbanspruch von Frauen wird anerkannt.

1926
ARGENTINIEN
Verheiratete Frauen werden wirtschaftlich eigenständig handlungsfähig.

1931
CHINA
Der gleichberechtigte Erbanspruch von Frauen wird anerkannt.

1959
IRAK
Der gleichberechtigte Erbanspruch von Frauen wird anerkannt.

1970
ECUADOR
Verheiratete Frauen werden wirtschaftlich eigenständig handlungsfähig.

1971
ÄGYPTEN
Der gleichberechtigte Erbanspruch von Frauen wird anerkannt.

1890

USA

DIE »NATIONAL WOMAN SUFFRAGE ASSOCIATION« VEREINIGT SICH MIT DER KONKURRIERENDEN »AMERICAN WOMAN SUFFRAGE ASSOCIATION« ZUR »NATIONAL AMERICAN WOMAN SUFFRAGE ASSO-CIATION«. MIT ZWEI MILLIONEN MITGLIEDERN STEIGT SIE DAMIT ZUR GRÖSSTEN EHRENAMTLICH TÄTIGEN GRUPPIERUNG IN AMERIKA AUF.

1903

GROSSBRITANNIEN

EMMELINE PANKHURST GRÜNDET DIE »WOMEN'S SOCIAL AND POLITICAL UNION« (WSPU), EINE NUR FRAUEN OFFENSTEHENDE ORGANISATION, DIE DIE MACHT DER TAT UND ZIVILEN UNGEHORSAM PROPAGIERT, KURZ: »TATEN STATT WORTE«. IHRE AKTIVIS-TINNEN WERDEN ALS »SUFFRAGETTEN« BEKANNT.

1904

DEUTSCHLAND

IN BERLIN WIRD DIE »INTERNATIONAL WOMAN SUFFRAGE ALLIANCE« (IWSA) ALS SAMMELBECKEN FÜR VERFECHTERINNEN DES FRAUENWAHLRECHTS AUS ALLER WELT GEGRÜNDET.

1911

CHINA

IN SHANGHAI ENTSTEHT DIE ALLIANZ FÜR DAS FRAUENWAHLRECHT. ZU IHREN ZIELEN ZÄHLEN DAS STIMMRECHT FÜR FRAUEN UND GLEICHBERECHTIGUNG DER GESCHLECHTER IM BILDUNGSWESEN.

»Mut ruft überall Mut hervor.«

Millicent Fawcett, die Anführerin der Suffragisten, zählte zu den führenden britischen Frauenrechtlerinnen. Sie kämpfte unermüdlich mit friedlichen Mitteln (etwa mit Demonstrationen) für das Stimmrecht und betrieb politische Lobbyarbeit. Fawcett, die jüngere Schwester der ersten britischen Ärztin Elizabeth Garrett Anderson, war bereits früh politisch aktiv und half mit 19 Jahren, Unterschriften für die erste Petition zum Frauenwahlrecht zu sammeln. Ab 1907 leitete sie zwölf Jahre lang als Präsidentin die »National Union of Women's Suffrage Societies«, die größte Organisation ihrer Art mit mehr als 50 000 Mitgliedern. Fawcett durfte ein Jahr vor ihrem Tod noch miterleben, dass Frauen endlich das allgemeine Wahlrecht erhielten. Ihr Vermächtnis lebt in der Fawcett Society fort, der führenden britischen Wohltätigkeitsorganisation für Frauenrechte, die 1953 nach ihr benannt wurde. Als erste Frau ehrte man sie 2018 mit einer Statue auf dem Londoner Parliament Square.

Millicent Fawcett

GROSSBRITANNIEN

1847–1929

MILLICENT FAWCETT

1893

NEUSEELAND

KATE SHEPPARD LEGT DEM PARLAMENT EINE PETITION ZUM FRAUENSTIMMRECHT VOR, DIE 31 872 FRAUEN MIT IHRER UNTERSCHRIFT UNTERSTÜTZT HABEN. DER GESETZESANTRAG WIRD IM AUGUST ANGENOMMEN. NEUSEELAND GEWÄHRT DAMIT ALS ERSTES LAND DAS ALLGEMEINE WAHLRECHT.

“

WIR HABEN ES SATT, DASS MAN UNS EINEN ›WIRKUNGS-KREIS‹ ZUWEIST, AUSSERHALB DESSEN ALLES ALS ›UNWEIB-LICH‹ GILT ... WIR MÜSSEN WIR SELBST SEIN – UNTER ALLEN UMSTÄNDEN.

KATE SHEPPARD (1848–1934)

STREITERIN FÜR DAS FRAUENWAHLRECHT UND ERSTE PRÄSIDENTIN DES NEUSEELÄNDISCHEN »NATIONAL COUNCIL OF WOMEN«

”

1908

FRANKREICH

UNTER DEM EINFLUSS DER BRITISCHEN SUFFRA-GETTENBEWEGUNG ZERSTÖRT HUBERTINE AUCLERT SYMBOLISCH EINE WAHLURNE BEI DEN KOMMUNALWAHLEN IN PARIS. SIE VERURTEILT DAS »EINGESCHLECHTLICHE« STIMMRECHT.

1910

GROSSBRITANNIEN

AN EINEM PROTESTMARSCH ZUM PARLAMENT NEHMEN 300 SUFFRAGETTEN TEIL, DARUNTER DR. ELIZABETH GARRETT ANDERSON UND PRINZESSIN SOPHIA DULEEP SINGH. POLIZEIKRÄFTE STELLEN SICH DEN FRAUEN ENTGEGEN, BESCHIMPFEN UND SCHLAGEN SIE. DIE AKTION GEHT ALS »BLACK FRIDAY DEMONSTRATION« (»SCHWARZE-FREITAGS-DEMONSTRATION«) IN DIE GESCHICHTE DES KAMPFES UM FRAUENRECHTE EIN.

1922

CHINA

DIE KOMMUNISTISCHE AKTIVISTIN XIANG JINGYU ORGANISIERT EINEN STREIK VON 10 000 ARBEITERINNEN IN DEN SEIDENFABRIKEN SHANGHAIS. DIE FRAUEN FORDERN VERBESSERTE BEZAHLUNG UND ARBEITS-BEDINGUNGEN. ES IST DER ERSTE NUR VON FRAUEN GETRAGENE ARBEITSKAMPF IN CHINA.

1947

NIGERIA

DIE AKTIVISTIN FUNMILAYO RANSOME-KUTI FÜHRT EINEN DEMONSTRATIONSZUG ZUM HERRSCHER-PALAST. DIE 10 000 FRAUEN DRÜCKEN IHREN PROTEST GEGEN DIE OBRIGKEIT MIT GESÄNGEN UND TÄNZEN AUS UND FORDERN EINE ANGEMESSENE DEMOKRATISCHE VERTRETUNG ALS GEGENLEISTUNG FÜR IHRE STEUERN.

»Ich habe keine Rechte, deshalb gibt es keine Steuern. Ich darf nicht wählen, also zahle ich auch nicht.«

Die Französin Hubertine Auclert war bereits eine entschlossene Verfechterin und Wegbereiterin des Frauenwahlrechts, als selbst die französische Frauenbewegung diese Forderung mehrheitlich als zu radikal empfand. Auclert gründete 1876 die erste Wahlrechtsliga des Landes, *Le Suffrage des femmes*, und kämpfte mit wechselnden taktischen Mitteln für ihr Ziel. Ihre berühmteste Protestaktion war die Zerstörung einer Wahlurne im Mai 1908, nach dem Vorbild der britischen Suffragetten. Sie ließ sich auch – illegal – als Parlamentskandidatin aufstellen, redigierte eine militante Zeitung, organisierte einen Steuerboykott und Protestmärsche. Sie störte Hochzeiten und warnte Bräute davor, mit der Eheschließung alle Rechte aufzugeben. Sie gilt als erste Frauenrechtlerin, die sich selbst als »Feministin« bezeichnete.

Hubertine Auclert

Frankreich

1848–1914

SUFFRAGE
HUBERTINE
AUCLERT

EINFÜHRUNG DES FRAUENWAHLRECHTS

1869
Wyoming gewährt als erster US-Bundesstaat das Frauenwahlrecht.

1893
In Neuseeland bekommen Frauen erstmals das gleiche Wahlrecht wie Männer.

1901
Mit einigen Einschränkungen gewährt Australien das Frauenwahlrecht.

1906
In Finnland dürfen erstmals in Europa Frauen wählen gehen.

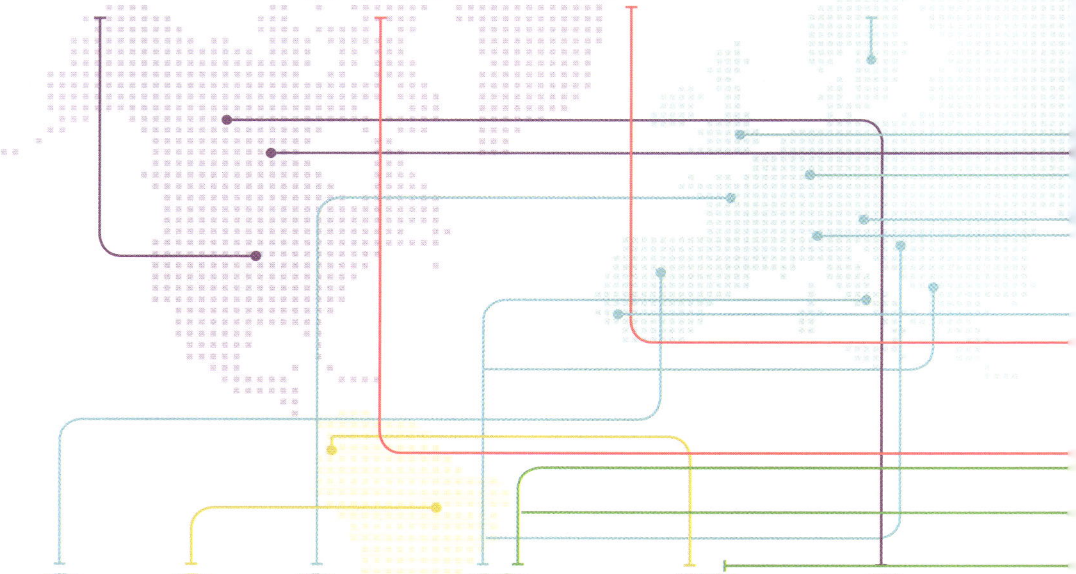

1931
Spanien

1932
Brasilien

1944
Frankreich

1945
Italien, Kroatien, Indonesien, Ungarn und (beschränkt) Japan

1949
Costa Rica und China

1950
Volles Frauenwahlrecht in Kanada, indigene Frauen bleiben aber bis 1960 ausgeschlossen.

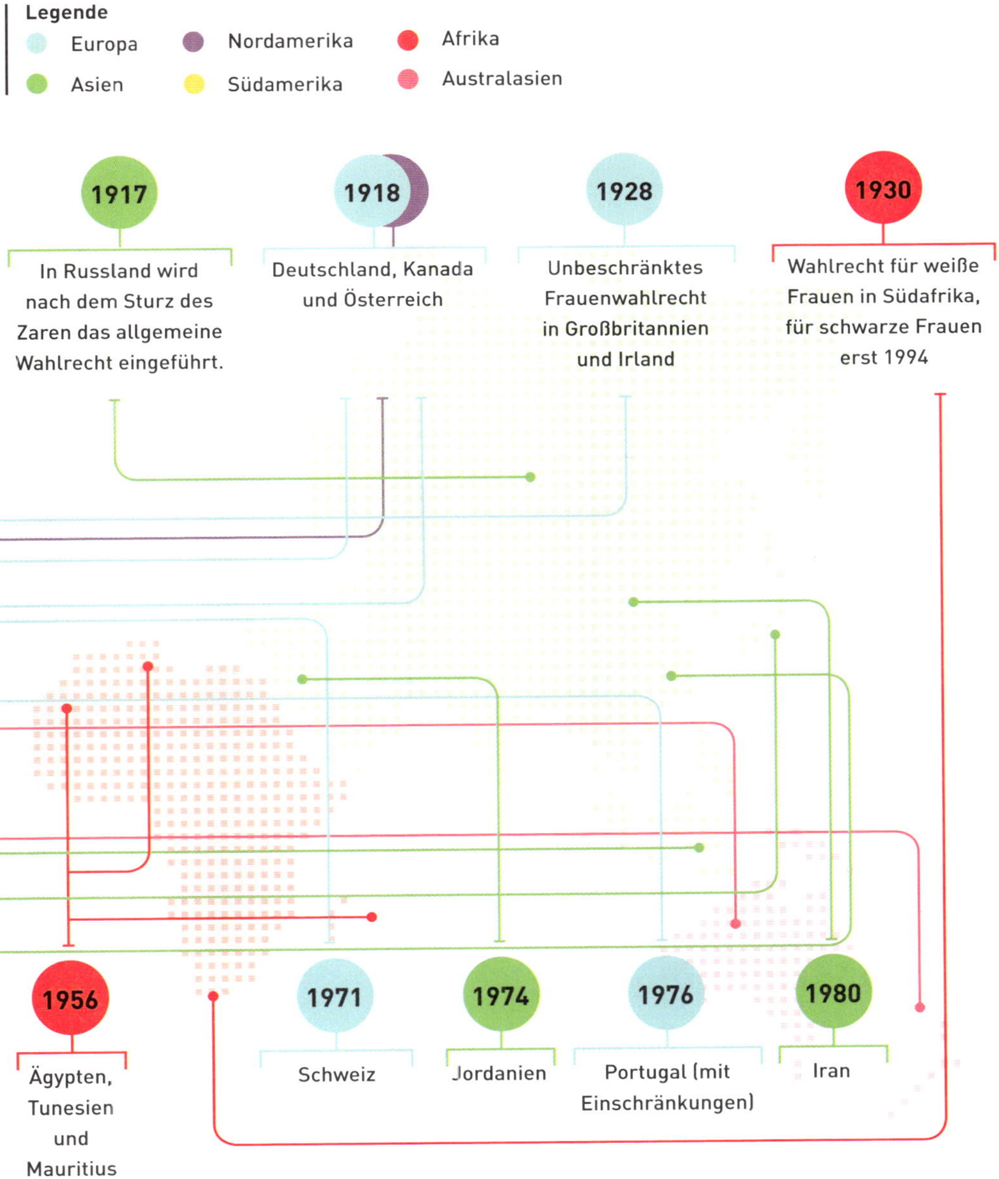
Legende
Europa
Nordamerika
Afrika
Asien
Südamerika
Australasien
1917
In Russland wird nach dem Sturz des Zaren das allgemeine Wahlrecht eingeführt.
1918
Deutschland, Kanada und Österreich
1928
Unbeschränktes Frauenwahlrecht in Großbritannien und Irland
1930
Wahlrecht für weiße Frauen in Südafrika, für schwarze Frauen erst 1994
1956
Ägypten, Tunesien und Mauritius
1971
Schweiz
1974
Jordanien
1976
Portugal (mit Einschränkungen)
1980
Iran

1869

GROSSBRITANNIEN

WEIL MAN IHNEN DIE ZULASSUNG ZUM MEDIZINSTUDIUM VERWEIGERT, SCHLIESSEN SICH FRAUEN ZUR GRUPPE DER »EDINBURGH SEVEN« ZUSAMMEN. MIT UNTERSTÜTZUNG VON CHARLES DARWIN GELINGT ES IHNEN, LANDESWEIT RÜCKHALT ZU MOBILISIEREN. 1876 WIRD DER »MEDICAL ACT« BESCHLOSSEN, DER FRAUEN ERMÖGLICHT, SICH ZU ÄRZTINNEN AUSBILDEN ZU LASSEN.

1870

SPANIEN

FERNANDO DE CASTRO GRÜNDET DIE »ASOCIACIÓN PARA LA ENSEÑANZA DE LA MUJER« (»VEREINIGUNG FÜR FRAUENBILDUNG«). IM SINNE IHRES VEREINSZWECKS ERÖFFNET SIE GYMNASIEN UND BERUFSFACHSCHULEN IN GANZ SPANIEN UND ERMÖGLICHT FRAUEN ZUM ERSTEN MAL DEN ZUGANG ZU WEITERFÜHRENDEN UND HÖHEREN LEHRANSTALTEN.

1878

RUSSLAND

ANNA FILOSSOFOWA, NADESCHDA STASSOWA UND MARIJA TRUBNIKOWA, SPÄTER ALS »TRIUMVIRAT« BEKANNT GEWORDEN, SETZEN DIE EINFÜHRUNG VON HÖHEREN KURSEN FÜR FRAUEN (BESTUSCHEW-KURSE) DURCH. DAMIT WIRD DEN FRAUEN DES LANDES ERSTMALS EIN REGULÄRER ZUGANG ZUR BILDUNG ERÖFFNET.

1920

CHINA

DIE UNIVERSITÄT PEKING LÄSST ZUM ERSTEN MAL FRAUEN ZUM STUDIUM ZU. WEITERE UNIVERSITÄTEN IM GANZEN LAND FOLGEN IHREM BEISPIEL.

FRAUEN IM BILDUNGSWESEN

In vielen Ländern machen heute mehr Frauen als Männer einen Universitätsabschluss – das war früher undenkbar. Im Folgenden stellen wir Frauen vor, die sich aller Diskriminierung zum Trotz und mit bescheidensten Möglichkeiten durchsetzten, Abschlüsse wie Dissertationen erwarben und Lehranstalten eröffneten.

1608 Die spanische Dominikanerin **JULIANA MORELL** wird als erste Frau in der Geschichte in Jura promoviert. Ihren Doktortitel macht sie in Avignon, wo sie ihre Thesen vor einem illustren Publikum im päpstlichen Palast verteidigt.

1732 In Italien wird **LAURA BASSI** als erste Frau zur Professorin ernannt und lehrt Physik an der Universität Bologna.

1787 Die Deutsche **DOROTHEA SCHLÖZER** erwirbt als erste Frau einen philosophischen Doktorgrad an der Georg-August-Universität Göttingen.

1861 1861 geht **JULIE-VICTOIRE DAUBIÉ** als erste Absolventin von der Universität Lyon ab, wo sie aufgrund ihrer Abhandlung »Frauenarmut im 19. Jahrhundert, von einer armen Frau« zugelassen wurde. Sie arbeitete als Journalistin und schrieb über die Lebensbedingungen der Frauen, für deren Rechte sie bis zu ihrem Tod 1874 eintrat.

1788 **AURORA LILJENROTH** absolviert als erste schwedische Frau das Visingsö Gymnasium in »allen Wissenschaften«, obwohl das Gymnasium offiziell keine Schülerinnen aufnimmt.

1869 **EMILY DAVIES, BARBARA BODICHON** und **LADY STANLEY OF ALDERLEY** gründen das Girton College, das erste Frauenkolleg an der Universität Cambridge, das erst 1948 offiziell als Abteilung der Universität anerkannt wird.

1870 **ADA KEPLEY** erwirbt als erste Frau in Amerika einen Abschluss in Jura (an der heutigen Northwestern University School of Law). Zunächst verhindern bundesstaatliche Gesetze, dass Frauen in akademischen Berufen arbeiten dürfen, aber diese Regelung wird 1881 aufgehoben.

1874 Die russische Mathematikerin **SOFJA KOWALEWSKAJA** ist die erste Europäerin, die in ihrem Fach zur Promotion zugelassen wird (an der Universität Göttingen). Sie ist zugleich die erste Frau, die in Nordeuropa auf eine Professur berufen wird.

1904 **MILLICENT MACKENZIE** wird zur Assistenzprofessorin für Erziehung am University College of South Wales and Monmouthshire (eine Fakultät der Universität von Wales) ernannt, die erste Professur einer Frau in Großbritannien.

1907 Die persische Erzieherin **TUBA AZMUDEH** gründet die erste Mädchenschule in ihrem Land. Mädchen wurden normalerweise nicht außerhalb ihres Elternhauses erzogen und durften bis 1896 keine Schule besuchen. Trotz öffentlicher Opposition und Todesdrohungen erweitert Azmudeh die Schule und den Lehrplan und bietet Alphabetisierungskurse für erwachsene Frauen an.

1924 Die Dänin **NINA BANG** wird als erste Frau in der Regierung eines westeuropäischen Landes zur Bildungsministerin ernannt. Sie arbeitet daran, das dänische Erziehungssystem demokratischer zu gestalten und die Lehrerausbildung zu verbessern.

1931 **JANE BOLIN** macht als erste afroamerikanische Studentin ihren Abschluss an der juristischen Fakultät von Yale. Sie ist zugleich die erste Schwarze, die Mitglied der Anwaltsvereinigung von New York City wird und in den USA als Richterin berufen wird.

1882

NIEDERLANDE

DIE NIEDERLÄNDISCHE ÄRZTIN ALETTA JACOBS ERMÖGLICHT DIE ERSTE KLINISCHE BERATUNG FÜR GEBURTENKONTROLLE DER WELT IN AMSTERDAM. ZUM ERSTEN MAL KANN SICH EINE FRAU EIN VERHÜTUNGSMITTEL EINSETZEN LASSEN, OHNE DAFÜR ERST DIE ZUSTIMMUNG IHRES EHEMANNES EINHOLEN ZU MÜSSEN.

1918

GROSSBRITANNIEN

MARIE STOPES VERÖFFENTLICHT DAS SEXUALHANDBUCH *MARRIED LOVE*, DAS MIT VIELEN TABUS IM HINBLICK AUF DIE SEXUELLEN BEDÜRFNISSE VON FRAUEN BRICHT. ES IST SOFORT AUSVERKAUFT UND ERREICHT NACH NUR ZWEI WOCHEN BEREITS DIE SECHSTE AUFLAGE.

“

KEINE FRAU IST FREI, WENN IHR KÖRPER NICHT IHR ALLEIN GEHÖRT UND SIE NICHT ÜBER IHN BESTIMMEN DARF. KEINE FRAU IST FREI, EHE SIE NICHT BEWUSST DARÜBER ENTSCHEIDEN DARF, OB SIE MUTTER WERDEN WILL ODER NICHT.

MARGARET SANGER (1879–1976)

AMERIKANISCHE KRANKENSCHWESTER UND AKTIVISTIN, DIE DEN BEGRIFF »EMPFÄNGNISVERHÜTUNG« POPULÄR MACHTE

”

»Am Anfang war die Frau wahrhaftig wie die Sonne ... Jetzt ist sie ein matter und kränklicher Mond, abhängig vom Leuchten eines anderen, der sie erhellt.«

Die Journalistin, Autorin und politische Aktivistin Hiratsuka Raichō gründete 1911 das literarische Magazin für Frauen *Seitō* (»Blaustrumpf«). Es veröffentlichte Aufsätze und Debatten über die gesellschaftliche Rolle der Frau und Tabuthemen wie weibliche Sexualität und Schwangerschaftsabbruch. In Aufsätzen wie »An die Frauen der Welt« bestritt Raichō, dass Frauen ausschließlich Gattinnen und Mütter zu sein hatten. Aus Sicht der Behörden ging sie damit zu weit, und das Magazin wurde der Zensur unterworfen, bis es 1916 eingestellt werden musste. Trotz seiner kurzen Existenz spielte *Seitō* eine bedeutende Rolle als Inspirationsquelle für den japanischen Feminismus. Als Mitbegründerin der »Neuen Frauenvereinigung« setzte Raichō ihren Kampf fort, so gegen eine Verordnung, die Frauen die Teilnahme an politischen Aktivitäten verweigerte. Ihr ganzes Leben lang war sie als Autorin und Rednerin tätig.

Hiratsuka Raichō

JAPAN

1886–1971

HIRATSUKA RAICHO

NOT
INTIMIDATING
just
AWESOME

2 Zweite Welle des Feminismus

ab 1960

Im anhaltenden Kampf für Gleichberechtigung werden persönliche Fragen zu politischen:

- Arbeitsrecht
- Reproduktive Rechte
- Kampfansage an das Patriarchat

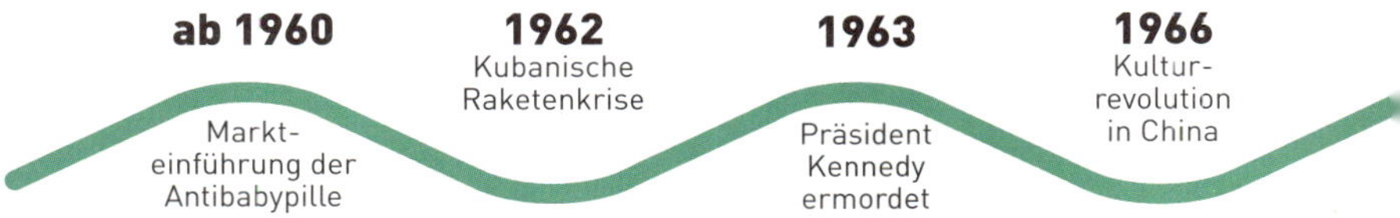

»ICH BIN NICHT FREI, WENN ANDERE FRAUEN UNFREI SIND.«

Die zweite Welle dehnte ihren Kampf für die Gleichstellung auf Heim, Arbeitsplatz und reproduktive Rechte aus. Ihr Ziel war die Neudefinition der Geschlechterrollen und die Beseitigung patriarchalischer Systeme und Werte.

Lange Zeit war es völlig legal, dass eine Frau im gleichen Job schlechter als ein Mann verdiente. Feministinnen kämpften weltweit gegen diese eklatante Ungleichbehandlung und für Reformen im Arbeitsrecht. In Island setzten Frauen 1961 das Recht auf »gleichen Lohn für gleiche Arbeit« durch, in den USA 1963. Diese hart erkämpften Zugeständnisse spiegelten sich in einer wachsenden Zahl von Frauen wider, die Männerdomänen eroberten. 1960 schrieb Sirimavo Bandaranaike in Sri Lanka Geschichte als erste frei gewählte Regierungschefin der Welt.

Während die erste Welle rechtliche Hindernisse für die Gleichstellung der Geschlechter beseitigte, löste die zweite zusammen mit den zeitgleichen Bürgerrechtsbewegungen einen sozialen und kulturellen Umbruch aus: Tradierte Vorstellungen über die Stellung der Frau wurden vom Sockel gestürzt. In Frankreich regte Simone de Beauvoirs Buch *Le Deuxième Sexe* (*Das andere Geschlecht*, 1949) Frauen dazu an, Vorstellungen von Weiblichkeit grundlegend zu überdenken sowie vermittelte Eigenschaften wie Unterwürfigkeit oder Unterlegenheit abzulegen und sich nicht mehr als Abweichung von der männlichen »Norm« zu definieren.

1966
Ermordung von Martin Luther King

1969
Stonewall-Unruhen in New York City

1979
China beginnt die Ein-Kind-Politik

1981
AIDS wird offiziell als Epidemie bezeichnet

1989
Mauerfall und Zusammenbruch des Sowjetsystems

In den USA griff Betty Friedan in ihrem Buch *The Feminine Mystique* (*Der Weiblichkeitswahn*, 1963) die verbreitete Vorstellung an, dass Ehe, Hausarbeit und Kinder ein erfülltes Frauendasein ausmachten, anstelle von Bildung, Karriere oder politischer Teilhabe. Texte wie dieser begründeten die neue akademische Disziplin der feministischen Theorie, die sich erstmals mit dem Studium geschlechtsspezifischer Ungleichheit befasste.

Bewegungen zur Frauenbefreiung setzten diese Ideen in Aktionen, Massenprotesten, Boykotten und Arbeitskämpfen um. In Island traten 1975 90 Prozent aller Frauen für einen Tag in den Streik, um ihre Bedeutung für Wirtschaft und Gesellschaft zu unterstreichen. Während das Arbeitsrecht es Frauen ermöglichte, andere Rollenbilder als das der Hausfrau auszufüllen, bewirkten Fortschritte bei den Scheidungs- und reproduktiven Rechten ein radikales Überdenken traditioneller Beziehungsstrukturen. Feministinnen wie Simone Veil und Alice Schwarzer kämpften für das Recht der Frauen auf ihren eigenen Körper: legaler Schwangerschaftsabbruch und frei erhältliche Verhütungsmittel. Die sexuelle Revolution machte das weibliche Geschlecht trotzig, mutig und kühn.

In den 1970er-Jahren gehörte der Feminismus bereits zum Mainstream. Die Vereinten Nationen organisierten die erste von vier Weltkonferenzen, die sich ausschließlich mit den Rechten der Frauen befassten, um Frauen und Mädchen auf der ganzen Welt zu stärken. Was Audre Lorde kraftvoll zum Ausdruck gebracht hatte, wurde eine anerkannte Wahrheit: »Ich bin nicht frei, wenn andere Frauen unfrei sind.«

DIE ZWEITE WELLE IM HISTORISCHEN KONTEXT

Nach dem Ende eines erneuten Weltkrieges wurde die zweite Welle des Feminismus enorm von der Markteinführung der Antibabypille und dem Wandel der Sozialmoral bestimmt, während soziale Unruhen neue Methoden des Protests hervorbrachten.

1945

DIE NACHWEHEN DES ZWEITEN WELTKRIEGES

Der Zweite Weltkrieg war der tödlichste Konflikt der Menschheitsgeschichte; die Welt veränderte sich jetzt grundlegend. Die Vereinten Nationen sollten Kriege verhindern helfen. Die Rolle der Frau und die Ansprüche an sie waren in Fabriken, Lazaretten und an der Front neu definiert worden. Gleichzeitig hatte der Krieg die Grundlage für einen neuen Konflikt gelegt: die Rivalität und das Misstrauen des Kalten Krieges.

1960

VERHÜTUNG UND IHRE SOZIALEN FOLGEN

Aufbauend auf Erkenntnissen von Gregory Pincus über die Verhinderung des Eisprungs durch Hormone sorgte die Verhütungspille für eine gesellschaftliche und sexuelle Revolution. Frauen konnten sich vor unerwünschten Schwangerschaften schützen und gewannen die Kontrolle über ihren Körper, ihr Beziehungsleben und ihre Karriere.

1962

DIE WILDEN SECHZIGER

Überschwänglich, optimistisch, vergnügungssüchtig – die Sechziger waren das goldene Zeitalter der Populärkultur, angetrieben vom wirtschaftlichen Aufschwung der Nachkriegszeit und der Begeisterung für eine aufkeimende Jugendkultur. Eine neue Musikszene blühte auf, während modischer Wandel und neue Auffassungen von sexueller Freiheit von der Erfindung der Antibabypille profitierten. Der Minirock, 1966 von Mary Quant in London auf den Markt gebracht, stellte die neue Ikone der Zeit dar – eine kokette Abkehr von den konservativen und nüchternen Kleidern der 1950er-Jahre.

1964

BÜRGERRECHTE

In den USA und Kanada entstand das »Women's Liberation Movement« unmittelbar aus der Bürgerrechtsbewegung heraus, die gleiche verfassungsmäßige und gesetzliche Rechte für Afroamerikaner anstrebte und Mitte der 1960er-Jahre ihren Höhepunkt erreichte. Vom Erfolg der Bewegung aufgerüttelt, ließen sich Feministinnen der zweiten Generation von neuen Methoden (Sitzblockaden, Demonstrationen und andere gewaltfreie Proteste) inspirieren.

1968

SOZIALE UND POLITISCHE UNRUHEN

Das Jahr 1968 stand weltweit ganz im Zeichen von sozialen Unruhen und Aufruhr. In Paris, Prag, Berlin, Chicago, Rom, London, Mexiko-Stadt, Warschau und anderswo brachen Konflikte auf, oft in Form von Aufständen gegen die militärischen und staatlichen Eliten. Die Bedeutung der Achtundsechziger ist unter Historikern umstritten, aber vielfach wird das Jahr 1968 als Beginn moderner Protestformen und als Anfang vom Ende des Kalten Krieges empfunden.

1969

WISSENSCHAFT UND TECHNIK

Zu den Gebieten, auf denen der Kalte Krieg ausgetragen wurde, gehörte auch die Eroberung des Weltraums, die in dieser Zeit enorme Fortschritte machte. Der russische Astronaut Juri Gagarin war 1961 der erste Mensch im All, dem 1963 mit Walentina Tereschkowa bald darauf die erste Frau folgte. Träume wurden 1969 wahr, als der US-Amerikaner Neil Armstrong als erster Mensch im Rahmen der Apollo-11-Mission den Mond betrat.

1979

FRAUEN AN DIE MACHT

Die Erfolgsbilanz des frühen Feminismus unterstreichen jene Frauen, die nach 1960 zu Regierungschefs oder Staatsoberhäuptern gewählt wurden, als erste Sirimavo Bandaranaike, die 1960 in Sri Lanka zur Premierministerin gewählt wurde, gefolgt von Indira Gandhi in Indien ab 1966 und Ministerpräsidentin Golda Meir 1969 in Israel. Die erste Regierungschefin Europas war Margaret Thatcher, die 1979 gewählt wurde.

1949

FRANKREICH

DIE FRANZÖSISCHE PHILOSOPHIN SIMONE DE BEAUVOIR VERÖFFENTLICHT *LE DEUXIÈME SEXE (DAS ANDERE GESCHLECHT)*, IN DEM SIE VORBRINGT, DASS DIE UNTERDRÜCKUNG DER FRAU VON IHREM BEHAUPTETEN »ANDERSSEIN« HERRÜHRT: DER MANN IST DAS MASS UND BESETZT DIE ROLLE DES ICHS ODER SUBJEKTS, WÄHREND DIE FRAU DAS OBJEKT IST.

“

MAN IST NICHT ALS FRAU GEBOREN, MAN WIRD ES.

”

SIMONE DE BEAUVOIR (1908–1986)

FRANZÖSISCHE AUTORIN UND PHILOSOPHIN, DIE MIT IHREN WERKEN DIE ZWEITE WELLE DES FEMINISMUS INSPIRIERTE

FEMINISTISCHE THEORIE

Feministische Theorie ist eine Disziplin, die darauf abzielt, Art und Struktur der Ungleichbehandlung der Geschlechter zu erkennen. Durch das Herausarbeiten des Einflusses, den der patriarchalische Sexismus weiterhin auf unsere Auffassungen ausübt, spielt die feministische Theorie eine wichtige Rolle dabei, zielführende Wege zum Beenden der Diskriminierung zu weisen.

1963 | **BETTY FRIEDAN** veröffentlicht *The Feminine Mystique (Der Weiblichkeitswahn)*, eine engagierte Studie über die Unzufriedenheit der Hausfrauen der 1950er-Jahre, die die vorherrschende Gleichsetzung von Weiblichkeit mit Passivität sowie die Annahme verurteilt, dass Frauen nur durch Hausarbeit, Ehe und Kindererziehung Erfüllung finden können.

1970 | Die Australierin **GERMAINE GREER** legt mit *The Female Eunuch (Der weibliche Eunuch)* ein furioses Debüt vor. Ihr zufolge unterdrücken soziale Normen wie Ehe und Familie die weibliche Sexualität und würdigen Frauen zu Eunuchen herab. Mit seiner Mischung aus Polemik und Wissenschaft wird das Buch zu einem Schlüsseltext der zweiten Welle der feministischen Bewegung.

1970 | Die amerikanische Autorin **KATE MILLETT** veröffentlicht *Sexual Politics (Sexus und Herrschaft)*, eine leidenschaftliche Analyse patriarchalischer Machtausübung und zentrales Theoriewerk der Frauenbewegung. Die institutionalisierte Macht der Männer über Frauen sei ein soziales Konstrukt und nicht angeboren. Millett analysiert die Art und Weise, wie Frauen durch ihre Sozialisierung patriarchalische Werte und Normen akzeptieren lernen, und enthüllt die Mitschuld der Frauen an der männlichen Herrschaft.

1973 | Das Buch *Speculum. De l'autre femme (Speculum, Spiegel des anderen Geschlechts)* der französisch-belgischen Psycholinguistin **LUCE IRIGARAY** ist ein Meilenstein der Psychoanalyse. Sie untersucht verschiedene Frauenbilder in der westlichen Philosophie und kommt zur Erkenntnis, dass Frauen im westlichen Denken zu einem männlichen Konstrukt ohne eigenen Status geworden sind.

1974 Die bulgarisch-französische Philosophin **JULIA KRISTEVA** veröffentlicht *La Révolution du langage poétique (Die Revolution der poetischen Sprache).* Für sie besteht Bedeutung aus zwei Elementen, einem symbolischen (männlich; mit Struktur assoziiert) und einem semiotischen (weiblich, rhythmisch; assoziiert mit der Mutter und ohne Differenzierung). Wenn ein Kind ins Reich der Sprache eintritt, lässt es das Semiotische zugunsten des Symbolischen hinter sich und spürt das Bedürfnis, die Mutterfigur abzulehnen.

1975 Die amerikanische feministische Filmkr tikerin **LAURA MULVEY** führt den Begriff »Male Gaze« in ihrem grundlegenden Essay *Visual Pleasure and Narrative Cinema (Visuelle Lust und narratives Kino)* ein. Demnach bestimmt in der Welt des Kinos eine heterosexuell-männliche Perspektive die Darstellung, die Befriedigung in der sexuellen Objektifizierung von Frauen zu finden versucht.

1978 Die britische Psychotherapeutin und Gesellschaftskritikerin **SUSIE ORBACH** setzt sich mit der Psychologie von Diäten und Essstörungen in ihrem Werk *Fat is a Feminist Issue (Anti-Diät-Buch)* auseinander. Anhand der unbewussten Bedeutung von Dick- und Dünnleibigkeit legt sie unsere Besessenheit in Bezug auf das körperliche Erscheinungsbild bloß und argumentiert eindringlich, dass es die Ungleichheit der Geschlechter ist, die Frauen fett macht.

1979 Die afroamerikanische Schriftstellerin und Bürgerrechtsaktivistin **AUDRE LORDE** veröffentlicht den Text »The Master's Tools Will Never Dismantle the Master's House«. Darin vertritt sie die Auffassung, dass Feminismus genauso unterdrückend wie der von ihm bekämpfte Patriarchalismus wirken werde, wenn er nicht die Stimmen und Erfahrungen von schwarzen Frauen, Lesben und Frauen aus der Arbeiterschicht in sich aufnähme.

1984 *Feminist Theory: From Margin to Center* der radikalen afroamerikanischen Feministin **bell hooks** erscheint. Ihrer Meinung nach solle der Feminismus nicht danach streben, Gleichberechtigung innerhalb des bestehenden korrupten Systems von »weißer Vorherrschaft, Kapitalismus und Patriarchat« herzustellen. Stattdessen sollten Feministinnen gemeinsam das kulturelle Machtgefüge beseitigen und durch eine neue Form ersetzen, die ohne Unterdrückung anderer aufgrund von Rasse, sozialer Stellung und Geschlecht auskommt.

»Wer weiß, wozu Frauen imstande sind, wenn sie endlich die Freiheit besitzen, sie selbst sein zu dürfen?«

Betty Friedan gilt allgemein als Mutter des Feminismus der zweiten Generation, seit sie in ihrem Buch *The Feminine Mystique* (*Der Weiblichkeitswahn*, 1963) die Zwänge traditioneller Geschlechterrollen bloßlegte. Die Psychologiestudentin schrieb das Buch, nachdem sie fünf Jahre lang als Hausfrau und Mutter in den Vororten New Yorks gelebt und umfangreiche Feldstudien angestellt hatte. Das Buch schlug ein, verkaufte sich auf Anhieb drei Millionen Mal und gewann viele Unterstützer für die feministische Sache. Friedan war Mitbegründerin und erste Vorsitzende der »National Organization for Women« (NOW), der größten Organisation der US-Frauenbewegung. Sie setzte sich für mehr Frauen in politischen Führungspositionen, mehr Kindertagesstätten für berufstätige Mütter und die Legalisierung des Schwangerschaftsabbruchs ein. Anlässlich des fünfzigsten Jahrestags des Frauenwahlrechts in den USA organisierte sie 1970 einen landesweiten Frauenstreik für Gleichberechtigung.

Betty Friedan

USA

1921–2006

BETTY FRIEDAN

1970

ITALIEN

DAS VERBOT DER WERBUNG FÜR VERHÜTUNGSMITTEL WIRD AUFGEHOBEN. ZUM ERSTEN MAL HABEN ITALIENISCHE FRAUEN DIE MÖGLICHKEIT, SICH UNGEHINDERT ÜBER VERHÜTUNGSMETHODEN ZU INFORMIEREN.

1971

FRANKREICH

343 FRAUEN UNTERZEICHNEN *LE MANIFESTE DES 343* (»MANIFEST DER 343«), IN DEM SIE SICH ZU ILLEGALEN ABTREIBUNGEN BEKENNEN. MIT DIESEM AKT ZIVILEN UNGEHORSAMS RUFEN DIE UNTERZEICHNERINNEN ZUR LEGALISIERUNG VON SCHWANGERSCHAFTSABBRÜCHEN UND FREIGABE VON VERHÜTUNGSMITTELN AUF. DIE INITIATIVE VON SIMONE DE BEAUVOIR FINDET IN DEUTSCHLAND NACHAHMERINNEN.

1973

USA

DAS HÖCHSTE GERICHT DER USA BESTÄTIGT IN EINEM HISTORISCHEN URTEIL DAS RECHT VON FRAUEN AUF EINEN SCHWANGER-SCHAFTSABBRUCH (FALL ROE GEGEN WADE).

1975

FRANKREICH

GESUNDHEITSMINISTERIN SIMONE VEIL BRINGT DAS GESETZ ZUM SCHWANGER-SCHAFTSABBRUCH AUS FREIEM WILLEN DURCHS PARLAMENT, DAS EINE ABTREIBUNG IN DEN ERSTEN ZEHN WOCHEN DER SCHWANGERSCHAFT ERMÖGLICHT.

»Mein Anspruch als Frau ist, dass meine Andersartigkeit anerkannt wird; dass ich nicht das Modell Mann übernehme.«

Die Politikerin Simone Veil führte den Kampf um die Legalisierung von Schwangerschaftsabbrüchen in Frankreich an. Wegen ihrer jüdischen Herkunft wurde sie 1944 von den deutschen Besatzern verhaftet und deportiert. Sie überlebte den Holocaust und studierte nach der Befreiung aus Bergen-Belsen in Paris Jura und Politikwissenschaft. Nach jahrelanger Tätigkeit als Anwältin und Richterin übernahm sie das Justizministerium und verbesserte die Zustände in den Frauengefängnissen. Später war Veil in der französischen Regierung als Gesundheitsministerin tätig und amtierte als erste Präsidentin des Europäischen Parlaments. In Erinnerung blieb sie vor allem wegen jenes Gesetzes, das ihren Namen trägt – *Loi Veil* –, das 1975 die Abtreibung legalisierte, aber sie zeichnete auch für die Förderung der Bürgerrechte von Frauen in Bezug auf Eltern- und Adoptionsrechte und die Erhöhung des Mutterschaftsgeldes sowie Verbesserungen bei Kinderbetreuung und Krankenversicherung verantwortlich.

Simone Veil

FRANKREICH

1927-2017

SIMONE
VEIL

LEGALISIERUNG VON SCHWANGERSCHAFTSABBRÜCHEN

Das Beenden einer Schwangerschaft war in den meisten Ländern lange verboten oder stark eingeschränkt. Feministinnen setzten sich entschlossen für einen Wandel ein.

1967

GROSSBRITANNIEN (OHNE NORDIRLAND)
Nach dem »Abortion Act« von 1967 seit 1968 legal möglich

1973

USA
Nach höchstrichterlichem Urteil (Fall Roe gegen Wade) bundesweit zulässig

1974

SCHWEDEN
Die Entscheidung liegt bis zur 18. Schwangerschaftswoche bei der Frau.

1985

SPANIEN
Zulässig nach einer Vergewaltigung oder aus gesundheitlichen Gründen (Mutter und Kind)

1997

KAMBODSCHA
Uneingeschränkt zulässig während der ersten 14 Schwangerschaftswochen

1978

ITALIEN
Ein Referendum ermöglicht die Einführung legaler Schwangerschaftsabbrüche.

2001

FRANKREICH
Ausdehnung auf die 14. Schwangerschaftswoche, bei Minderjährigen auch ohne elterliche Zustimmung

2002

SCHWEIZ
Uneingeschränkt bis zur 12. Schwangerschaftswoche zulässig

2005

IRAN
Während der ersten vier Monate bei embryopathischer Indikation oder Lebensgefahr für die Mutter

2006

KOLUMBIEN
Nach Vergewaltigung oder Inzest, aufgrund embryopathischer oder gesundheitlicher Indikation

2007

PORTUGAL
Uneingeschränkt bis zur 10. Schwangerschaftswoche zulässig

2010

KENIA
Zulässig bei Lebensgefahr für die Mutter oder notärztlichen Eingriffen

Legende

- Europa
- Nordamerika
- Afrika
- Asien
- Südamerika
- Australasien

1995

FRANKREICH
Bis zur 12. Schwangerschaftswoche zulässig

1996

BURKINA FASO
Nach Vergewaltigung oder Inzest, aufgrund embryopathischer oder gesundheitlicher Indikation

1996

SÜDAFRIKA
Uneingeschränkt bis zur 12. Schwangerschaftswoche zulässig

1996

ALBANIEN
Uneingeschränkt bis zur 12. Schwangerschaftswoche zulässig

2002

NEPAL
Uneingeschränkt bis zur 12. Schwangerschaftswoche zulässig

2003

BENIN
Nach Vergewaltigung oder Inzest, aufgrund embryopathischer oder gesundheitlicher Indikation

2004

BHUTAN
Nach Vergewaltigung oder Inzest, bei psychischen Störungen oder Lebensgefahr für die Mutter

2004

ÄTHIOPIEN
Nach Vergewaltigung oder Inzest, aufgrund embryopathischer Indikation, Lebensgefahr oder Minderjährigkeit der Mutter

2010

SPANIEN
Bis zur 14. Schwangerschaftswoche zulässig, danach bei Vorliegen besonderer Umstände

2012

URUGUAY
Nach einer 25 Jahre dauernden Kampagne legalisiert

2018

QUEENSLAND, AUSTRALIEN
Bis zur 22. Schwangerschaftswoche zulässig

2018

IRLAND
Ein Referendum führt das Ende des strikten Abtreibungsverbots herbei.

»Die Frauen mögen gelernt haben, die Stärke der Männer zu bewundern. Die Stärke anderer Frauen dagegen bleibt ihnen verdächtig.«

Alice Schwarzer, die wohl berühmteste und umstrittenste Feministin Deutschlands, kam erstmals als Journalistin in Frankreich, wo die Bürgerrechtsbewegung besonders stark war, mit dem Kampf für Frauenrechte in Berührung. Sie traf Simone de Beauvoir, Catherine Deneuve und Jeanne Moreau, die sich alle für das Recht auf Schwangerschaftsabbruch einsetzten. Davon inspiriert, veröffentlichte Schwarzer 1971 in der Zeitschrift *Stern* einen Artikel über 374 Frauen, die sich zu illegalen Abtreibungen bekannten. Der anschließende Skandal löste eine Welle von Protesten aus, markierte aber auch den Beginn von Schwarzers Karriere als unverblümt auftretende Feministin. 1977 gründete sie ihre eigene Zeitschrift *EMMA* und später ein feministisches Archiv. Sie ist Autorin von tabubrechenden Büchern über das Sexualleben von Frauen, darunter *Der »kleine Unterschied« und seine großen Folgen.*

Alice Schwarzer

DEUTSCHLAND

1942–

ALICE SCHWARZER

1968

USA

UM EIN ZEICHEN GEGEN VERMEINTLICHE SCHÖNHEITSIDEALE UND DIE BEHANDLUNG VON FRAUEN ALS OBJEKTE ZU SETZEN, PROTESTIEREN 200 VERTRETERINNEN DER FRAUENBEWEGUNG AM RANDE DES MISS-AMERICA-WETTBEWERBS IN ATLANTIC CITY. SIE KRÖNEN EIN SCHAF ZUR »MISS AMERICA« UND STELLEN SO EINEN BEZUG ZU NUTZTIER-PRÄMIERUNGEN HER.

1971

JAPAN

ANGEFÜHRT VON MITSU TANAKA ORGANISIERT DIE GRUPPE »TATAKAU ONNATACHI« (»FRAUEN-KAMPFGRUPPE«) EINE KUNDGEBUNG ZUM THEMA ABTREIBUNG. 1972 FOLGT DIE GRÜNDUNG DES »ZENTRUMS FÜR FRAUEN-BEFREIUNG« (»RIBU SENTĀ«) IN TOKIO. DIESER ORT DIENT FEMINISTINNEN ALS FORUM ZUM MEINUNGS-AUSTAUSCH UND IST EINE ZUFLUCHT FÜR HILFS-BEDÜRFTIGE FRAUEN.

1977

GROSSBRITANNIEN

IN LEEDS FINDET DER ERSTE »RECLAIM THE NIGHT«-MARSCH STATT. FRAUEN PROTESTIEREN GEGEN DIE EMPFEHLUNG DER POLIZEI IM ZUSAMMENHANG MIT DEN MORDEN DES »YORKSHIRE RIPPERS«, DASS SIE NACH ANBRUCH DER DUNKELHEIT ZUHAUSE BLEIBEN SOLLEN. DIE AKTION STEHT IM KONTEXT EINER INTERNATIONALEN BEWEGUNG MIT NACHTMÄRSCHEN GEGEN SEXUELLE GEWALT IN ITALIEN, INDIEN, DEUTSCHLAND UND AUSTRALIEN.

1979

USA

UNTER DER ÄGIDE DER RADIKALFEMINISTISCHEN GRUPPIERUNG »WOMEN AGAINST PORNOGRAPHY« (WAP) VERSAMMELN SICH 6000 DEMONSTRANTINNEN AM NEW YORKER TIMES SQUARE MIT DEM ZIEL, PORNOGRAFIE VERBIETEN ZU LASSEN. DIE WAP FORMIERTE SICH NACH FEMINISTISCHEN MEDIENKAMPAGNEN ZUR GEWALT GEGEN FRAUEN. SIE WILL DEUTLICH MACHEN, WELCHE SCHÄDEN PORNOS UND DIE SEXINDUSTRIE VERURSACHEN.

»Eine Frau braucht einen Mann so dringend wie ein Fisch ein Fahrrad.«

Die Journalistin, Schriftstellerin und feministische politische Aktivistin Gloria Steinem ist eine der prominentesten Wortführerinnen beim Thema Gleichberechtigung. Ihre Laufbahn begann sie als freie Autorin in New York, wo sie 1968 das *New York Magazine* mitbegründete, sich für Politik zu interessieren begann und über Kampagnen der Frauenbewegung berichtete. Steinem engagierte sich beredt für die Freigabe von Schwangerschaftsabbrüchen. Mit dem 1969 erschienenen Artikel »After Black Power, Women's Liberation« rückte sie ins Zentrum des feministischen Aktivismus und wurde eine wichtige Stimme der Frauenbewegung. Um ein Forum für Frauenthemen zu schaffen, rief sie 1972 mit anderen die Zeitschrift *Ms.* ins Leben, das erste auflagenstarke feministische Magazin der Welt. Steinem unterstützte auch die Gründung des »National Women's Political Caucus«, der sich für mehr Gleichberechtigung und mehr Frauen in öffentlichen Ämtern Amerikas einsetzt, die dieses Ziel anstreben.

Gloria Steinem

USA

1934–

GLORIA STEINEM

FEMINISTISCHE LITERATUR

Mit dem Ziel, einen Kanon weiblicher Literatur zu schaffen, gründete die Frauenbewegung in den 1960er- und 1970er-Jahren eigene Verlage, Buchhandlungen und Zeitschriften. Auch der feministische Journalismus blühte auf. Einige Beispiele stellen wir im Folgenden vor.

1970 Das frisch gegründete **Boston Women's Health Book Collective** bringt die 193 Seiten starke und nur 75 Cent kostende Broschüre *Women and Their Bodies* heraus, die Frauen dazu aufruft, sich selbst um ihre Gesundheit und Sexualität zu kümmern. Ein Jahr später lautet der Titel bereits *Our Bodies, Ourselves,* und die Broschüre avanciert zur Gesundheitsbibel der Frauen. Sie ist seither ununterbrochen lieferbar und erschien in mehr als 20 Ländern.

1970 Der amerikanische Verlag **Feminist Press** entsteht, der feministische Klassiker von Zora Neale Hurston, Charlotte Perkins Gilman und anderen neu auflegt und Textgrundlagen für die junge Disziplin der Frauenstudien liefert, darunter Bücher von Barbara Ehrenreich und Grace Paley.

1972 Mehrere linksgerichtete belgische Feministinnen veröffentlichen ***Le Petit livre rouge des Femmes*** (»Das kleine rote Frauenbuch«), das eine egalitäre und feministische Alternative zur patriarchalischen Gesellschaft propagiert. Das Büchlein erregt großes Aufsehen und verkauft sich in den ersten Monaten 15 000-mal. Heute ist es online abrufbar, und seine Ideen haben nichts von ihrer Frische verloren.

1972 Ein von Rosie Boycott und Marsha Rowe ins Leben gerufenes britisches Kollektiv veröffentlicht das feministische Kultmagazin ***Spare Rib***. Kioskbesitzer weigern sich zunächst, es anzubieten, aber es wird rasch eines der tonangebenden Medien der 1970er- und 1980er-Jahre auf der Insel. Es ist bekannt dafür, sich beherzt mit patriarchalischen Denkweisen und Gender-Stereotypen auseinanderzusetzen.

1972 Die amerikanische Feministin Gloria Steinem gründet das Monatsmagazin ***Ms.***, die erste auflagenstarke feministische Zeitschrift mit mehr als 400 000 LeserInnen. Der Inhalt besteht aus tiefschürfenden Analysen nationaler und internationaler Themen aus feministischer Sicht und Berichten über Veranstaltungen der Frauenbewegung. Heute erscheint es vierteljährlich und wird von der Feminist Majority Foundation herausgebracht.

1973 Nach einer Demonstration von Mitgliedern der schwedischen Frauenbewegung bringt der norwegische Verlag Aschehoug eine Übersetzung des Texts ***Frihet, jämlikhet och systerskap*** *(Freiheit, Gleichheit, Schwesterlichkeit – ein Frauenhandbuch)* heraus, ein detailliertes Aktionsprogramm für Gleichberechtigung.

1973 Als führendes Mitglied der französischen Frauenbewegung lanciert Antoinette Fouque ihren eigenen Verlag, **Les Editions des Femmes.** Das Programm ist bis heute einflussreich und stark politisch und zielt darauf ab, Frauenrechte in Frankreich und anderswo auszubauen. Der Verlag hat sich erfolgreich für Frauen eingesetzt, die unterdrückt oder inhaftiert waren.

1973 Das lateinische Wort für »Heldenjungfrau« steht Pate für den Verlag **Virago Press**, den die australische Autorin und Kritikerin Carmen Callil in Großbritannien gründet. Er will genreübergreifend ein Sprachrohr für Frauen darstellen, sowohl mit neuen Werken als auch vergriffenen Texten, und ist nach wie vor einer der wichtigsten britischen feministischen Verlage.

1976 **Les Éditions du remue-ménage** entsteht in Quebec. Der Name ist ein Wortspiel und bedeutet so viel wie »geräuschvoll umräumen« und deutet einen Wandel an, aber *ménage* heißt auch »putzen« – eine Tätigkeit, die man gewöhnlich mit Frauen assoziiert. Das Verlagsemblem ist ein Besen, der den Kampf gegen Vorurteile und für Gleichberechtigung symbolisiert.

1977 Alice Schwarzer gründet ***EMMA***, das bahnbrechende deutsche feministische Magazin, um Debatten über Frauenfragen anzufachen. Der Name spielt auf »EM(M)ANZIPATION« an. Zu den Themen gehören Familie, Politik, Erziehung, Religion, die Medien und Pornografie.

1970

USA

BEGLEITET VON KOORDINIERTEN DEMONSTRATIONEN, NEHMEN 50 000 FRAUEN IN NEW YORK CITY UND VIELE WEITERE IN DEN USA AN EINEM »STREIK FÜR GLEICHHEIT« TEIL, DER LANDESWEIT DAS ARBEITSLEBEN LAHMLEGEN SOLL. FRAUEN HÖREN AUF, ZU KOCHEN UND ZU PUTZEN, UM AUF DIE UNGERECHTE VERTEILUNG DER HÄUSLICHEN AUFGABEN HINZUWEISEN.

1972

ITALIEN

IN PADUA LÄUFT EINE KAMPAGNE AN, DIE ANERKENNUNG FÜR DIE UNBEZAHLTE ARBEIT IM HAUSHALT UND BEI DER ERZIEHUNG DER KINDER EINFORDERT. DIE BEWEGUNG »EIN GEHALT FÜR HAUSARBEIT« ORGANISIERT AUCH ÖFFENTLICHE DEBATTEN ÜBER DIE GESCHLECHTSSPEZIFISCHEN ASPEKTE VON ARBEIT UND FREIZEIT.

1972

USA

DIE AMERIKANISCHE SOZIALISTIN SELMA JAMES UND DIE ITALIENISCHE FEMINISTIN MARIAROSA DALLA COSTA LÄUTEN DIE INTERNATIONALE KAMPAGNE FÜR EINE BEZAHLUNG DER HAUSFRAUENARBEIT EIN. DIE KAMPAGNE RICHTET SICH GEGEN GESCHLECHTERSPEZIFISCHE ARBEIT UND FORDERT DAS RECHT AUF ARBEIT AUSSER HAUS, ELTERNZEIT UND BEZAHLUNG FÜR HAUSARBEIT AUS STAATLICHEN MITTELN.

1975

ISLAND

90 PROZENT ALLER FRAUEN TRETEN IN DEN STREIK, UM ZU UNTERSTREICHEN, DASS IHR BEITRAG ZUR WIRTSCHAFT UNVERZICHTBAR IST. SIE VERLANGEN BESSERE BEZAHLUNG UND VORTEILHAFTERE ARBEITSBEDINGUNGEN.

RECHT AUF SCHEIDUNG

Nicht nur den Wandel der Ehe vom religiösen Sakrament zum rein zivilen Akt haben Frauen erkämpft, auch die Scheidung ist heute in jedem Land der Erde gesetzlich verankert – mit zwei Ausnahmen: den Philippinen und dem Vatikanstaat (auf den Philippinen wird sich das wohl bald ändern). Wir zeigen Beispiele dafür, wann und wo die Scheidung legal wurde.

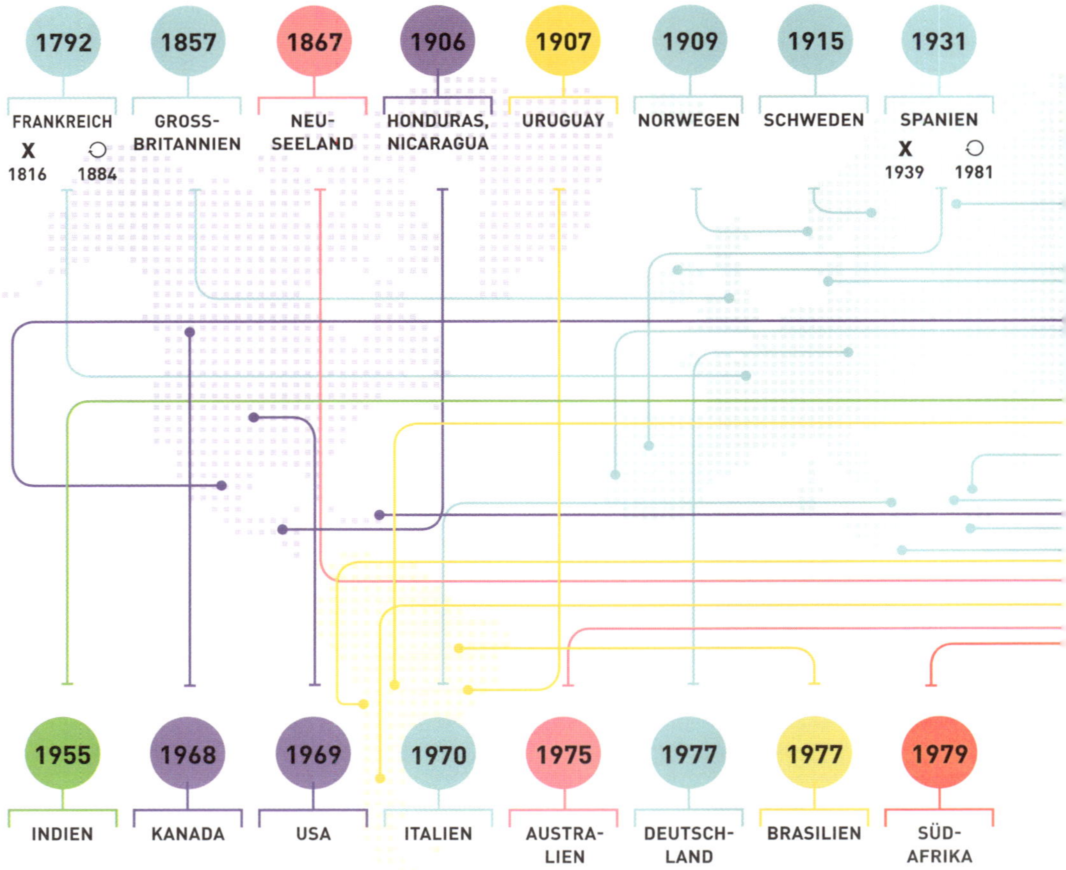

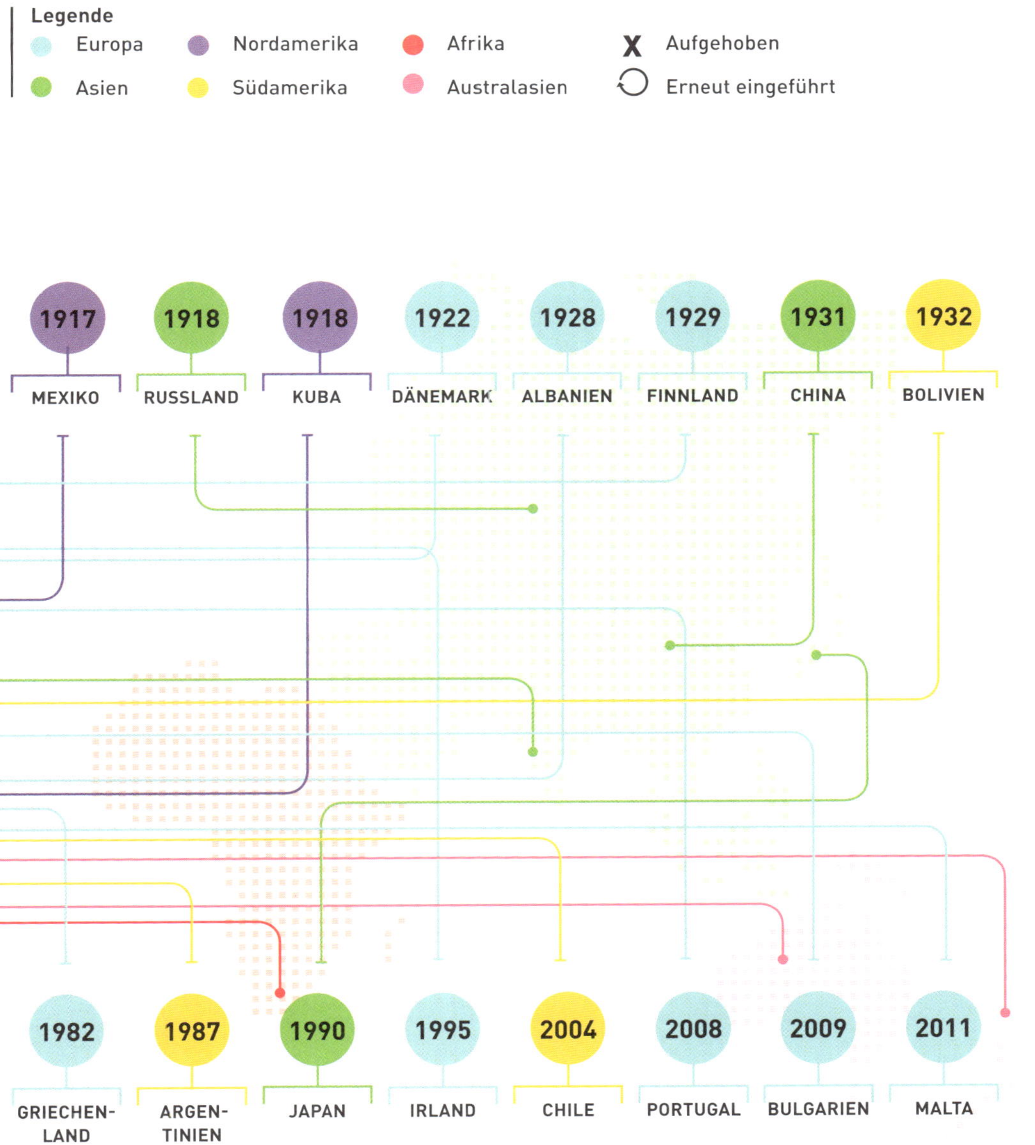
Legende
Europa
Nordamerika
Afrika
Aufgehoben
Asien
Südamerika
Australasien
Erneut eingeführt
1917
MEXIKO
1918
RUSSLAND
1918
KUBA
1922
DÄNEMARK
1928
ALBANIEN
1929
FINNLAND
1931
CHINA
1932
BOLIVIEN
1982
GRIECHEN-LAND
1987
ARGEN-TINIEN
1990
JAPAN
1995
IRLAND
2004
CHILE
2008
PORTUGAL
2009
BULGARIEN
2011
MALTA

1975

MEXIKO

DIE WELTKONFERENZ FÜR FRAUENFRAGEN DER VEREINTEN NATIONEN IST DIE ERSTE VERSAMMLUNG ÜBERHAUPT, DIE SICH AUSSCHLIESSLICH MIT DEM THEMA FRAU BEFASST. DIE VEREINTEN NATIONEN RUFEN 1975 ZUM INTERNATIONALEN JAHR DER FRAU AUS UND RICHTEN DEN UN-FÖRDERFONDS FÜR FRAUEN EIN.

1975

USA

DAS MAGAZIN *TIME* VERGIBT DIE AUSZEICHNUNG »PERSON DES JAHRES« AN DIE GESAMTHEIT DER AMERIKANISCHEN FRAUEN, MIT DER BEGRÜNDUNG, DASS 1975 »WENIGER DAS JAHR DER FRAU ALS DAS JAHR DER *FRAUEN*« GEWESEN SEI. DIE ZEITSCHRIFT RÜHMT »DIE ALLTÄGLICHE, MEIST ANONYME FRAU«, DIE DIE TEILNAHME AM »MAINSTREAM VON BERUF, IDEENGUT UND POLITISCHER GESTALTUNG« ERREICHT HABE.

“

RECHTE GELTEN NICHT ›EWIG‹: MAN MUSS SIE PFLEGEN UND VERTEIDIGEN.

EMMA BONINO (1948–)

ITALIENISCHE POLITIKERIN, DIE SICH ERFOLGREICH FÜR DAS RECHT AUF SCHWANGERSCHAFTSABBRUCH UND SCHEIDUNG EINGESETZT HAT

”

DEMOKRATISCH GEWÄHLTE SPITZENPOLITIKERINNEN

Frauen haben es in mehr als 60 Ländern der Welt geschafft, Spitzenpositionen in der Politik zu erobern.

1960
SRI LANKA
Sirimavo Bandaranaike

1966
INDIEN
Indira Gandhi

1969
ISRAEL
Golda Meir

1975
ZENTRALAFRIKANISCHE REPUBLIK
Elisabeth Domitien

1979
GROSSBRITANNIEN
Margaret Thatcher

1980
DOMINIKANISCHE REPUBLIK
Eugenia Charles

1980
ISLAND
Vigdis Finnbogadóttir

1981
NORWEGEN
Gro Harlem Brundtland

1982
MALTA
Agatha Barbara

1986
PHILIPPINEN
Maria Corazon Sumulong

1988
PAKISTAN
Benazir Bhutto

1990
NICARAGUA
Violeta Chamorro

1990
IRLAND
Mary Robinson

1993
TÜRKEI
Tansu Çiller

1993
SCHWEIZ
Ruth Dreifuss

1993
KANADA
Kim Campbell

1997
NEUSEELAND
Jenny Shipley

1997
GUYANA
Janet Jagan

1999
LETTLAND
Vaira Vike-Freiberga

1999
PANAMA
Mireya Moscoso

Legende Südamerika · Nordamerika · Europa · Afrika · Asien · Australasien

2000 – **FINNLAND** – Tarja Halonen

2001 – **INDONESIEN** – Megawati Sukarnoputri

2005 – **DEUTSCHLAND** – Angela Merkel

2006 – **LIBERIA** – Ellen Johnson Sirleaf

2006 – **JAMAIKA** – Portia Simpson-Miller

2006 – **CHILE** – Michelle Bachelet

2007 – **ARGENTINIEN** – Christina Fernandez de Kirchner

2007 – **UKRAINE** – Julija Tymoschenko

2009 – **LITAUEN** – Dalia Grybauskaite

2010 – **KIRGISISTAN** – Rosa Otunbajewa

2010 – **COSTA RICA** – Laura Chinchilla

2010 – **AUSTRALIEN** – Julia Gillard

2011 – **THAILAND** – Yingluck Shinawatra

2011 – **BRASILIEN** – Dilma Rousseff

2011 – **KOSOVO** – Atifete Jahjaga

2011 – **DÄNEMARK** – Helle Thorning-Schmidt

2012 – **MALAWI** – Joyce Banda

2013 – **SÜDKOREA** – Park Geun-hye

2015 – **KROATIEN** – Kolinda Grabar-Kitarović

2015 – **MAURITIUS** – Ameenah Gurib-Fakim

2016 – **TAIWAN** – Tsai Ing-wen

2016 – **ESTLAND** – Kersti Kaljulaid

2016 – **MARSHALLINSELN** – Hilda Heine

2017 – **SERBIEN** – Ana Brnabić

FRAUEN IN DER FORSCHUNG

Tendenziell gelten die Wissenschaften als Männerdomäne. Dennoch haben Frauen entscheidend zu unserem Verständnis vom Kosmos beigetragen – und das seit den Ursprüngen, als Hypatia von Alexandria im 4. und 5. Jahrhundert als Astronomin, Mathematikerin und Philosophin in Ägypten wirkte.

1903 Die polnisch-französische Physikerin **MARIE CURIE** erhält als erste Frau den Nobelpreis, zuerst für Physik aufgrund ihrer bahnbrechenden Arbeiten über Radioaktivität und erneut 1911 für Chemie, womit sie als erste Persönlichkeit den prestigeträchtigen Preis zweimal verliehen bekam.

1942 Der Hollywood-Filmstar **HEDY LAMARR** meldet eine Funkfernsteuerung für Torpedos zum Patent an. Ihre Erfindung, die sie »Frequency Hopping« (Frequenzwechsel) nennt, dient dazu, ferngesteuerte Torpedos gegen Störsignale von außen zu sichern. Die volle Tragweite der Erfindung wird erst später erkannt: Lamarrs für militärische Zwecke gedachte Technologie ebnete den Weg für WiFi, GPS und Bluetooth.

1951 Die britische Biochemikerin **ROSALIND FRANKLIN** arbeitet an der Röntgenstrukturanalyse der DNA, ein wesentlicher Beitrag zur Entdeckung des Doppelhelixaufbaus durch Francis Crick und James Watson.

1963 Die russische Kosmonautin **WALENTINA TERESCHKOWA** ist die erste Frau im All. Ihre Mission dauert fast drei Tage. Tereschkowa umrundet 48-mal die Erde und ist die einzige Frau, die allein eine Mission ins All unternommen hat. Später übernahm sie mehrfach politische Ämter und Regierungsfunktionen.

1964 Die britische Chemikerin **DOROTHY HODGKIN** ist eine von fünf Frauen, die den Chemie-Nobelpreis erhielten, und zwar für ihre »Strukturbestimmung biologisch wichtiger Substanzen mit Röntgenstrahlen«. Hodgkin erforschte die Atomstruktur von Cholesterin, Penicillin und Vitamin B12. Ihre Arbeit hat entscheidend zu verbesserten Behandlungsmöglichkeiten bei Diabetes beigetragen.

1981 Die Augenärztin **PATRICIA BATH** ist die erste afroamerikanische Ärztin, die ein Patent auf eine medizinische Methode erhält. Bath ist auch Mitbegründerin des »American Institute for the Prevention of Blindness«.

1991 Die amerikanische Computerwissenschaftlerin und Konteradmiralin der US-Marine **GRACE HOPPER** bekommt die National Medal of Technology verliehen. Sie war eine der ersten Frauen mit einem Doktortitel in Mathematik (1934) und ein Pionier im Programmieren von Computern. Sie arbeitete an der Entwicklung des ersten funktionierenden Computers »Mark I« mit.

2015 Die chinesische Chemikerin **TU YOUYOU** bekommt den Nobelpreis für Physiologie oder Medizin für ihre Entdeckung der Wirkstoffe Artemisinin und Dihydroartemisinin zur Behandlung von Malaria. Damit wurden 200 Millionen Patienten behandelt und Millionen Menschenleben gerettet.

2015 Die marokkanische Professorin für Nuklearphysik **RAJAÂ CHERKAOUI EL MOURSLI** gewinnt den L'Oréal-UNESCO-Preis für Frauen in der Wissenschaft wegen ihrer entscheidenden Rolle bei der Entdeckung des Higgs-Bosons. Sie leitete ein Forschungsteam am CERN und brachte die Einführung des ersten Magisterstudiengangs für medizinische Physik in Marokko auf den Weg.

2018 Die mexikanische Wissenschaftlerin **CLAUDIA SHEINBAUM** wird als erste Frau ins Bürgermeisteramt von Mexiko-Stadt gewählt. Sheinbaum ist promovierte Energie-Ingenieurin und bekam 2007 anteilig den Friedensnobelpreis als Mitglied des »Intergovernmental Panel on Climate Change« (»Weltklimarat«).

NOT
SHRILL
just
SHARP

3 Dritte Welle des Feminismus

ab 1990

Feminismus wird pluralistisch, entwickelt ein Gespür für die vielfach miteinander verwobenen Erscheinungsformen von Diskriminierung und hinterfragt überkommene Gender-Vorstellungen und Vorrechte:

- Kampf gegen sexuelle Gewalt
- Offenes Ansprechen von Diskriminierung
- Nutzung der Möglichkeiten des Internets

1989
Mauerfall

1992
Maastricht-Vertrag begründet die EU

2001
Attentate des 11. September in New York und Washington

2003
US-Invasion im Irak

»WIR SOLLTEN *ALLE* FEMINISTINNEN SEIN.«

Die Niederschlagung einer Anklage wegen sexueller Belästigung löste bei der feministischen Aktivistin Rebecca Walker 1992 Wut aus: »Bei den Anhörungen ging es nicht darum, ob Clarence Thomas tatsächlich Anita Hill belästigt hat«, schrieb sie im Magazin *Ms*. »Es ging darum, Glaubwürdigkeit und Macht von Frauen zu überprüfen und neu zu definieren.« Sie kündigte eine »dritte Welle« des Feminismus an und erklärte, dass »der Kampf noch lange nicht vorbei« sei.

Amy Richards zufolge zeichnete die neue Generation die Erfahrung aus, mit dem Feminismus aufgewachsen zu sein: Sie vermochte die Schwächen ihrer Vorläufer zu erfassen und zu kritisieren. Dies bedeutete insbesondere das Streben nach mehr Inklusivität. Mit den Worten der Autorin Chimamanda Ngozi Adichie: »Wir sollten *alle* Feministinnen sein.« Die dritte Welle griff Kimberlé Crenshaws Begriff der »Intersektionalität« auf und wollte Platz für jene schaffen, die unfreiwillig am Rand stehen. Crenshaw hatte erkannt, dass Klasse, Rasse, Alter, Begabung, Sexualität und andere Einflüsse zusammenwirken, wenn Frauen mit geschlechtsspezifischer Diskriminierung konfrontiert werden.

Eines der Hauptanliegen war das Beenden von geschlechtsspezifischer Gewalt. Mit der »Erklärung zur Beseitigung der Gewalt gegen Frauen« der Vereinten Nationen entstand 1993 ein Rahmenwerk für ein internationales Vorgehen. Pro-

testbewegungen auf der ganzen Welt konzentrierten sich darauf, ein echtes Bewusstsein für sexuelle Übergriffe zu schaffen, von der Denim-Day-Kampagne in Italien 1999 bis zur ersten SlutWalk-Demonstration in Toronto 2011. Von Südafrika bis Argentinien verabschiedeten Regierungen Gesetze gegen häusliche Gewalt, während die Praxis der weiblichen Genitalverstümmelung in 17 afrikanischen und elf Industrieländern seit 1994 als Menschenrechtsverletzung anerkannt wurde.

Die dritte Welle verdeutlichte, dass es für junge Frauen Erfolge, aber auch Defizite gab. Auch nach mehr als einem Jahrzehnt entsprechender Gesetzgebung belegen Konflikte über Lohngefälle, dass am Arbeitsplatz weiterhin mit zweierlei Maß gemessen wird. Im Jahr 2017 prognostizierte das Weltwirtschaftsforum, dass es noch 217 Jahre dauern werde, bis die Unterschiede bei den Beschäftigungschancen von Männern und Frauen ausgeglichen seien. Feministinnen der dritten Generation setzen sich für eine Gesetzgebung ein, die Effekte wie *Gender Pay Gap* (»Mutterschaftsstrafe«) beseitigen soll.

Der technologische Fortschritt bewirkt unterdessen einen Wandel im feministischen Diskurs: Das Internet erlaubt eine globale Koordination, und die dritte Welle wird durch Massenbeteiligung charakterisiert. Politische Durchbrüche im Jahr 2018 stehen im Zeichen des wachsenden »Empowerment« von Frauen weltweit, trotz der Bedrohung durch den Aufstieg des Rechtspopulismus.

DIE DRITTE WELLE IM HISTORISCHEN KONTEXT

Gesellschaftliche Entwicklungen am Ende des 20. Jahrhunderts verändern die Grundlagen für den Feminismus, der sich unter anderem mit Fragen wie der digitalen Revolution oder dem Klimawandel auseinandersetzt.

1989

DAS ENDE DES KOMMUNISMUS

An einem unvergesslichen Abend im November überwinden die Ost- und Westberliner die Grenzsperren – der Beginn einer Bewegung, an deren Ende der Zusammenbruch der meisten anderen kommunistischen Regime steht. 1991 beginnt mit dem Rücktritt Michail Gorbatschows der Zerfall der UdSSR. Das bedeutet die Unabhängigkeit für 15 Staaten und demokratische Rechte für über 100 Millionen Frauen.

1991

DAS INTERNET LÄUTET DAS ZEITALTER DER SOZIALEN MEDIEN EIN

Der Start des World Wide Web setzt die digitale Revolution in Gang, die die globale Kommunikation verändert. Mark Zuckerberg gründet 2004 Facebook, später das weltweit größte Social-Media-Netzwerk mit über einer Milliarde registrierter Nutzer. Im Jahr 2007 bringt Apple das erste iPhone heraus. All dies wirkt sich entscheidend auf den Feminismus der dritten Welle aus, der mithilfe des Internets Frauen weltweit vereint.

1994

ENDE DER APARTHEID

Das System der institutionalisierten Rassentrennung in Südafrika, die sogenannte Apartheid, wird 1991 endgültig aufgehoben. 1994 finden wirklich demokratische Wahlen statt, aus denen der Apartheidgegner und Freiheitskämpfer Nelson Mandela als Sieger hervorgeht. Als Präsident setzt er sich für die Gleichstellung der Geschlechter, soziale Gerechtigkeit und die Beendigung der Gewalt gegen Frauen ein.

1997

KAMPF GEGEN DEN KLIMAWANDEL

Die wachsende Besorgnis angesichts der globalen Erwärmung zu Beginn des 21. Jahrhunderts mündet im Kyoto-Protokoll; 192 Länder verpflichten sich darin zur Bekämpfung des Klimawandels. Dies war der erste internationale Vertrag mit verbindlichen Vorgaben für die Vertragsparteien, um den Ausstoß von Treibhausgasen zu reduzieren.

ab 2000

RECHTSRAHMEN FÜR DEN WECHSEL VON GENDER-IDENTITÄTEN

In mehreren Ländern werden Gesetze verabschiedet, die eine Veränderung der Geschlechtsidentität zulassen und anerkennen, dass die Empfindung der eigenen Geschlechtsidentität von dem bei der Geburt festgestellten Geschlecht abweichen kann: Großbritannien 2004, Spanien 2007, Uruguay 2009, Argentinien 2012, Dänemark 2014 und Portugal 2018.

2008

WAHL VON BARACK OBAMA UND FORTSCHRITTLICHE SOZIALPOLITIK

Barack Obama war nicht nur der erste Afroamerikaner im Amt des US-Präsidenten, er war während seiner achtjährigen Amtszeit auch ein einflussreicher Verfechter von Frauenrechten. Er gründete 2009 einen Beirat des Weißen Hauses für Frauen und Mädchen, berief eine Sonderbotschafterin für globale Frauenfragen und unterzeichnete den »Lilly Ledbetter Fair Pay Act«, ein Gesetz mit dem Ziel, geschlechtsspezifische Lohngefälle abzubauen.

2010

DER KAMPF FÜR DEMOKRATIE IM ARABISCHEN FRÜHLING

Ausgehend von Protesten gegen das autoritäre Regime in Tunesien breitet sich eine Serie von Aufständen auf Libyen, Ägypten, Jemen, Syrien und Bahrain aus. Die Bewegung führt zu einer deutlich verstärkten politischen Beteiligung von Frauen. Den neuen Regierungen in mehreren Ländern gelingt es jedoch nicht, in der Folgezeit die erhoffte Verbesserung der Frauenrechte umzusetzen.

2016

AUFSCHWUNG RECHTSPOPULISTISCHER BEWEGUNGEN

International wächst der Rechtspopulismus und bedroht sowohl die Rechte der Frauen als auch die Demokratie ganz allgemein und viele fortschrittliche Errungenschaften. Ein schwerer Rückschlag für die Gleichstellungsbewegungen ist die Wahl Donald Trumps zum US-Präsidenten 2016. Im Wahlkampf hatte er sich für ein Abtreibungsverbot eingesetzt und die Aufhebung der neuen Krankenversicherung für sozial Schwächere (Obamacare) angekündigt.

1991

USA

ANITA HILL BESCHULDIGT CLARENCE THOMAS DER SEXUELLEN BELÄSTIGUNG. ER IST ALS RICHTER FÜR DEN SUPREME COURT DER USA NOMINIERT. DIE ANHÖRUNG WIRD IM FERNSEHEN AUSGESTRAHLT. DIE UNSENSIBLE VERHANDLUNGSFÜHRUNG DURCH EIN VOREINGENOMMENES, REIN MÄNNLICHES, WEISSES GREMIUM SORGT ALLGEMEIN FÜR EMPÖRUNG. REBECCA WALKER GIBT IM MAGAZIN *MS.* DIE NEUE LOSUNG AUS: »DER KAMPF IST LÄNGST NICHT VORBEI ... ICH BIN DIE DRITTE WELLE.«

EMPÖRT EUCH DARÜBER, DASS MAN EINFACH ABTUT, WAS DIESE FRAU ERLEBTE. SETZT DIESE WUT IN POLITISCHEN SCHWUNG UM.

REBECCA WALKER (1969–)

TOCHTER DER SCHRIFTSTELLERIN ALICE WALKER UND INTERNATIONAL BEKANNTE AUTORIN UND AKTIVISTIN

»Das Thema der sexuellen Belästigung steht nicht allein. Es gibt andere Themen – politisch, mit Genderbezug –, über die man die Menschen aufklären muss.«

Die Juraprofessorin Anita Hill wurde 1991 durch ihre mutige Aussage gegen den Kandidaten zum Obersten Gerichtshof Clarence Thomas berühmt. Hills Auftritt vor einem rein männlichen, weißen Gremium machte sexuelle Belästigung schlagartig zum Thema. Sie beschrieb während der Anhörungen, die Millionen Menschen im Fernsehen verfolgten, Übergriffe und zweideutige Anspielungen. Der Senat bestätigte Thomas' Nominierung, aber der Fall löste eine Debatte über die Geschlechterverhältnisse am Arbeitsplatz aus. Als Anwältin und Akademikerin nahm Hill während ihrer gesamten Karriere in Bezug auf Frauen- und Bürgerrechte kein Blatt vor den Mund. 1997 veröffentlichte sie ihre Autobiografie *Speaking Truth to Power*. Seit 2017 leitet sie eine Kommission zur sexuellen Belästigung und Förderung der Gleichstellung am Arbeitsplatz. Wie wenig sich geändert hat, zeigte 2018 die Berufung von Brett Kavanaugh als Oberster Richter, den Dr. Christine Blasey Ford zuvor der sexuellen Gewalt beschuldigt hatte.

Anita Hill

USA

1956–

ANITA HILL

FEMINISTISCHE THEORIE

Ein zentrales Thema der feministischen Theorie der dritten Welle ist der Begriff der Intersektionalität. Damit beschreiben Feministinnen das Erlebnis der Überschneidung verschiedener Diskriminierungsformen in verschiedenen Ausprägungen und unterschiedlicher Intensität.

1984 **AUDRE LORDE**, eine afroamerikanische Schriftstellerin und Dichterin, veröffentlicht *Sister Outsider*, eine Sammlung von Essays und Vorträgen, die sich mit der Überschneidung von Sexismus, Homophobie, Rassismus, Klassenschranken und Altersdiskriminierung befassen.

1989 Die afroamerikanische Professorin **KIMBERLÉ CRENSHAW** prägt im Rahmen ihres Aufsatzes »Demarginalizing the Intersection of Race and Sex« den Begriff »Intersektionalität«. Die akademische Wortschöpfung gehört mittlerweile zu den zentralen Begriffen des feministischen Diskurses und wird allgemein gebraucht, um zu erklären, wie Geschlecht, Rasse, Klasse, Talent und sexuelle Orientierung zusammenwirken und zum Erleben der Unterdrückung von Frauen auf der ganzen Welt beitragen. Zudem verschafft man den Anliegen jener Frauen Gehör, die gesellschaftlich an den Rand gedrängt werden.

1990 Die afroamerikanische Professorin **PATRICIA COLLINS** bringt das Buch *Black Feminist Thought* heraus, das die Erfahrungen schwarzer Frauen im Zusammenhang des intersektionalen Feminismus in den Mittelpunkt der Untersuchung stellt.

Die Philosophin **JUDITH BUTLER** veröffentlicht *Gender Trouble: Feminism and the Subversion of Identity (Das Unbehagen der Geschlechter)*. In diesem richtungweisenden Buch stellt Butler die universelle Vorstellung von »Weiblichkeit« infrage und bringt vor, dass soziales (Gender) und biologisches Geschlecht sowie Sexualität eine soziale Konstruktion seien.

1991 Die amerikanische Journalistin **NAOMI WOLF** veröffentlicht *The Beauty Myth (Der Mythos Schönheit).* Darin fasst sie Schönheit als soziales Konstrukt auf, das auf fünf Gebieten negativ wirkt: Arbeit, Religion, Geschlecht, Gewalt und Hunger.

1991 Der Artikel »Under Western Eyes« der indischen Professorin **CHANDRA TALPADE MOHANTY** kritisiert die Ignoranz der feministischen Theorie gegenüber Frauen aus Entwicklungs- und Schwellenländern des Südens.

1993 Das Buch *Feminism and the Mastery of Nature* der australischen Philosophin **VAL PLUMWOOD** erscheint, das die Parallelen zwischen der Beherrschung der Natur und der der Frauen aufzeigt. Beides basiere auf Sichtweisen, die das andere oder die andere als »radikal verschieden und minderwertig betrachtet ... abgeleitet vom oder randständig zum eigenen Ich oder Mittelpunkt, ohne eigene oder beschränkte Handlungsfähigkeit«.

2001 Die japanische Feministin **EMI KOYAMA** veröffentlicht *The Transfeminist Manifesto.* Sie definiert Transfeminismus als »eine Bewegung von und für Transgender-Frauen, die ihre eigene Befreiung als eng verbunden mit der Befreiung aller Frauen und darüber hinaus betrachtet«.

2014 Die Essaysammlung *Men Explain Things to Me (Wenn Männer mir die Welt erklären)* der amerikanischen Schriftstellerin **REBECCA SOLNIT** erscheint. Darin problematisiert sie das Mundtotmachen von Frauen aufgrund der männlichen Annahme, dass Männer stets mehr oder besser wissen. Das Phänomen ist jetzt als »Mansplaining« bekannt.

2017 Die britische Professorin **MARY BEARD** bringt ihr Buch *Women and Power (Frauen und Macht)* heraus, eine Analyse weiblicher Stummheit seit dem Altertum, die belegt, dass »Macht« im historischen Kontext nach männlichen Begriffen bewertet wird.

2018 **JACQUELINE ROSE** veröffentlicht ihr Buch *Mothers: An Essay on Love and Cruelty.* Darin untersucht sie, wie Mütter für die Übel der Welt verantwortlich gemacht und zu Objekten einer »erlaubten Grausamkeit« degradiert werden, und bündelt Erkenntnisse aus investigativem Schreiben, Psychoanalyse, Sozialgeschichte und Literatur.

1991

GROSSBRITANNIEN

DAS OBERHAUS VOTIERT FÜR DIE ABSCHAFFUNG DES »MARITAL RAPE EXEMPTION LAW«. IN DER FOLGE KÖNNEN MÄNNER WEGEN VERGEWALTIGUNG IN DER EHE ZUR RECHENSCHAFT GEZOGEN WERDEN.

1999

ITALIEN

DIE ERSTE DENIM-DAY-PROTESTAKTION FINDET STATT. AUSLÖSER IST EIN URTEIL DES OBERSTEN GERICHTSHOFS VON ITALIEN, DEMZUFOLGE MAN NICHT VON EINER VERGEWALTIGUNG SPRECHEN KÖNNE, WENN DIE BETROFFENE ENGE JEANS GETRAGEN HABE.

2011

KANADA

3000 TEILNEHMER FORDERN BEI EINER DEMONSTRATION IN TORONTO EIN ENDE DER »VERGEWALTIGUNGSKULTUR«. EIN POLIZEIOFFIZIER HATTE ZUVOR GEÄUSSERT, DASS SICH »FRAUEN NICHT WIE SCHLAMPEN ANZIEHEN SOLLTEN«, WENN SIE SICH NICHT SEXUELLER BELÄSTIGUNG AUSSETZEN WOLLTEN. DIE BEWEGUNG STÖSST AUF INTERNATIONALE RESONANZ UND LÖST IN SIEBEN WEITEREN LÄNDERN PROTESTAKTIONEN AUS.

2016

ARGENTINIEN

DAS BASISDEMOKRATISCHE FEMINISTISCHE KOLLEKTIV »NI UNA MENOS« (»NICHT EINE [FRAU] WENIGER«) ORGANISIERT EINEN MASSENSTREIK VON FRAUEN ALS REAKTION AUF DIE VERGEWALTIGUNG UND DEN MORD AN DER 16-JÄHRIGEN LUCÍA PÉREZ. DIESER PROTEST GEGEN FEMIZID UND MACHISTISCHE GEWALT GREIFT AUF CHILE, PERU, BOLIVIEN, GUATEMALA, URUGUAY, MEXIKO, SPANIEN UND ANDERE LÄNDER ÜBER.

»Ich erhebe meine Stimme – nicht um laut zu rufen, aber so, dass man die hört, die keine Stimme haben.«

Die pakistanische Aktivistin Malala Yousafzai setzt sich seit 2009 für das Recht der Mädchen auf Bildung im Swat-Tal ein. Malala bloggte als Elfjährige in einem anonymen Tagebuch für die BBC über ihre Erlebnisse während der Talibanherrschaft und prangerte die Schließung von Mädchenschulen in ihrer Heimatregion an. Auch nach der Wiedereröffnung der Schulen setzte sich Malala weiterhin in Fernsehen und Radio für die Mädchenbildung ein, weshalb sie für den Internationalen Kinder-Friedenspreis 2011 nominiert wurde. Nachdem Malala 2012 von den Taliban auf dem Heimweg von der Schule niedergeschossen wurde, erlebte sie eine Welle weltweiter Unterstützung für sich und ihre Sache. Nach ihrer Genesung gründete sie den »Malala Fund«, eine Wohltätigkeitsorganisation, die jedem Mädchen die Möglichkeit verschaffen soll, über die eigene Zukunft zu bestimmen. Für ihre karitative Arbeit und ihr Engagement erhielt Malala 2014 als jüngste Preisträgerin überhaupt den Friedensnobelpreis.

Malala Yousafzai

PAKISTAN

1997-

MALALA YOUSAFZAI

2013

CHINA

CAO JU ERHÄLT IN EINEM PROZESS ALS ERSTE FRAU WEGEN DISKRIMINIERUNG AUS GRÜNDEN DES GESCHLECHTS EINE KLEINE ENTSCHÄDIGUNG ZUGESPROCHEN. DIE PRIVATE JUREN-AKADEMIE HATTE IHR EINE ASSISTENTENSTELLE AUSSCHLIESSLICH DESHALB VERWEIGERT, WEIL SIE EINE FRAU IST.

2015

DEUTSCHLAND

DER BUNDESTAG VERABSCHIEDET AM 6. MÄRZ EIN GESETZ ZUR EINFÜHRUNG EINER GESCHLECHTERQUOTE IN UNTERNEHMEN. DIE AUFSICHTSRÄTE GROSSER UNTERNEHMEN SOLLEN IN ZUKUNFT ZU MINDESTENS 30 PROZENT MIT FRAUEN BESETZT WERDEN.

2018

GROSSBRITANNIEN/USA

DAS LONDONER »INSTITUTE FOR FISCAL STUDIES« UND DIE UNIVERSITÄT PRINCETON ERKENNEN IM LOHNGEFÄLLE ZWISCHEN DEN GESCHLECHTERN EINE »MUTTERSCHAFTSSTRAFE«: MÜTTER MÜSSEN NACH DER GEBURT IHRES ERSTEN KINDES EINEN STARKEN VERDIENSTRÜCKGANG HINNEHMEN UND VERDIENEN IM VERLAUF IHRER WEITEREN KARRIERE 20 PROZENT WENIGER ALS IHRE MÄNNLICHEN KOLLEGEN.

2018

ISLAND

DAS LAND IST SEIT ACHT JAHREN WELTSPITZE BEIM THEMA GLEICHER LOHN. DIE REGIERUNG VERABSCHIEDET EIN GESETZ, MIT DEM SIE SICH VERPFLICHTET, DAS GESCHLECHTSSPEZIFISCHE LOHNGEFÄLLE BIS 2022 VOLLSTÄNDIG ABZUBAUEN. ISLAND IST DAS ERSTE LAND, DAS VON UNTERNEHMEN BEWEISE FORDERT, DASS VERGLEICHBARE ARBEITEN AUCH GLEICH BEZAHLT WERDEN.

KÜNSTLERINNEN

Frauen haben in der Welt der bildenden Kunst stets eine Rolle gespielt, aber seit den 1960er-Jahren werden mehr Frauen als je zuvor als bildende Künstlerinnen wahrgenommen und geschätzt. Wir stellen ausgewählte Künstlerinnen vor, die ihr Talent genutzt haben, um die Frauenbewegung und den Kampf für Gleichberechtigung voranzubringen.

1938 Die mexikanische Künstlerin **FRIDA KAHLO** bekommt ihre erste eigene Ausstellung in der Galerie von Julien Levy in Manhattan. Ihre Kunst trägt stark autobiografische Züge und wurde von mexikanischer Volkskultur und Matriarchat inspiriert. Während Kahlo bis in die 1970er-Jahre vor allem als Ehefrau des Künstlers Diego Rivera wahrgenommen wurde, entdeckt man nach und nach ihre eigene Kunst und deren hohen feministischen Gehalt wieder.

1964 Die japanisch-amerikanische Konzeptkünstlerin **YOKO ONO** bringt ihr »Cut Piece« auf die Bühne, eine feministische Performance, bei der sie das Publikum dazu aufruft, ihr mit Scheren die Kleidung vom Leib zu schneiden, als Symbol dafür, wie Frauen zum Objekt gemacht werden. Ono ist eine der kräftigsten feministischen Stimmen in der Kunstwelt.

1967 Das Werk der amerikanischen Fotografin **DIANE ARBUS** ist Teil einer Ausstellung im Museum of Modern Art in New York. Als Sujets wählt sie oft Außenseiter mit Identitätsproblemen, aber auch das Alltagsleben mit seinen morbiden Aspekten. 1972, ein Jahr nach ihrem Suizid, werden Arbeiten von ihr in die Auswahl der Biennale in Venedig aufgenommen. Sie ist die erste Fotografin, die zur Ausstellung zugelassen wird.

1970 Die französische bildende Künstlerin **LOUISE BOURGEOIS** hält ihre »blutigen Sonntage« ab, ein Zyklus von kunstkritischen Sitzungen, bei denen sie das tatsächliche Engagement ihrer Künstlerkollegen hinterfragt. Sie gehört zu den ersten, die Bilder vom weiblichen Körper als Kommentar zu Gender-Stereotypen einsetzt.

1985 Das nordamerikanische Kollektiv **GUERILLA GIRLS** entsteht in New York. Seine Performances und grafische Kunst thematisieren die mangelnde Berücksichtigung von Frauen und Minderheiten in Kunstmuseen und Galerien. Es übt Kritik an Stereotypen in Hollywood und der populären Kultur.

1998 Die britische bildende Künstlerin **TRACEY EMIN** verwendet in ihrer Installation *My Bed* eine personale Erzählperspektive und Objekte als Kommentar zu Weiblichkeit und Gender.

1999 Die guatemaltekische Poetin und bildende Künstlerin **REGINA JOSÉ GALINDO** protestiert dagegen, dass Frauen mundtot gemacht werden, indem sie sich vom Bogen des Postamts von Guatemala-Stadt abseilt und laut ihre Gedichte vorliest.

2009 **ELINA CHAUVET**, eine mexikanische Künstlerin, protestiert mit ihrer ersten Installation *Zapatos Rojos* (»Rote Schuhe«) gegen die Tötung von Frauen durch gewalttätige Drogenschmuggler. Rote Schuhe setzen sich von nun an als Symbol des »Internationalen Tages gegen Gewalt an Frauen« durch.

2011 Die feministische russische Punkrock-Gruppe **PUSSY RIOT** macht mit illegalen Guerilla-Auftritten an öffentlichen Orten auf feministische und LGBT-Themen aufmerksam und bringt ihre Ablehnung von Präsident Wladimir Putin zum Ausdruck.

2015 Die portugiesische Künstlerin **JOANA VASCONCELOS** zeigt ihre Arbeit *A Noiva* (»Die Braut«), einen Kronleuchter aus mehr als 25 000 Tampons, bei der Biennale in Venedig. Sie stellt als erste Frau und jüngste Vertreterin der zeitgenössischen Kunst in Versailles aus.

2017 Zu Ehren der japanischen bildenden Künstlerin **YAYOI KUSAMA** wird ein Museum in Tokio nach ihr benannt. Geboren 1929, begann sie ihre Karriere in den 1960er-Jahren, indem sie ihren Körper als Leinwand benutzte und ihn mit großen roten Punkten bedeckte, um sich für die sexuelle Befreiung einzusetzen. Sie gilt als Vorläuferin der feministischen Performance-Kunstbewegung.

»Ich habe beschlossen, mich nicht mehr für mein Frau-Sein und meine Weiblichkeit zu entschuldigen.«

Im Jahr 2012 hielt Chimamanda Ngozi Adichie eine Rede im Rahmen der Reihe *TEDxTalk* und löste eine internationale Debatte über die Bedeutung des Feminismus im 21. Jahrhundert aus. Unter dem Motto »Wir sollten *alle* Feministinnen sein« argumentierte sie eindringlich für eine positive und umfassende Definition des Begriffs. Mehr als fünf Millionen Mal wurde der Vortrag im Internet aufgerufen und erschien als Buch in 32 Sprachen; in Schweden startete die Frauenlobby eine Initiative, um das Buch allen Jugendlichen im Alter von 16 Jahren zu schenken. Adichies belletristisches Werk hat zahlreiche Auszeichnungen erhalten, darunter den Orange Prize. In ihrem Buch *Dear Ijeawele, or A Feminist Manifesto in Fifteen Suggestions* (*»Liebe Ijeawele!« Wie unsere Töchter selbstbestimmte Frauen werden*, 2017) fordert sie ihre Tochter in Form von Ratschlägen auf, Stärke und Stolz für ein Leben als unabhängige Frau zu entwickeln.

Chimamanda Ngozi Adichie

NIGERIA

1977–

CHIMAMANDA
NGOZI ADICHIE

EINFÜHRUNG DER ELTERNZEIT

Die Elternzeit entpuppte sich als wichtiges Instrument zur Förderung der Gleichstellung der Geschlechter, weil sie Müttern und Vätern ermöglicht, die Verantwortung für die Kindererziehung gemeinsam zu übernehmen. Nach Angaben der Internationalen Arbeitsorganisation garantieren 178 von 196 Ländern weltweit arbeitenden Müttern bezahlten Urlaub, während mehr als 50 Länder Vaterschaftsgeld gewähren.

	SCHWEDEN	DÄNEMARK*	PORTUGAL	FINNLAND	NORWEGEN	FRANKREICH	SCHWEIZ	ÖSTERREICH	NIEDERLANDE	KANADA	DEUTSCHLAND*	BELGIEN	GROSSBRITANNIEN*	SPANIEN
BESCHÄFTIGUNGSGRAD DER FRAUEN (in Prozent)	84,9	84,4	84,4	83,8	83,4	82,8	82,3	82,3	82,3	81,3	81,3	80,4	78,7	78,3
KOSTEN DER KINDERBETREUUNG (in Prozent des Netto-Familieneinkommens)	4,7	8,9	4,8	8,4	10,8	10,4	50,6	11,8	10,1	18,5	11,1	4,7	26,6	4,7
BEZAHLTER VATERSCHAFTSURLAUB	✓	✓	✓	✓	✓	✓	✗	✗	✓	✗	✗	✓	✓	✓
DAUER DES BEZAHLTEN MUTTERSCHAFTSURLAUBS (in Wochen)	16	18	17/21	18	35/45	16	14	16	16	17	14	15	39	16
GEHALT WÄHREND DES MUTTERSCHUTZES (in Prozent)		100		70		100 †	80 †	100	100 †		100			100

80 % für die ersten 390 Tage, dann Pauschale

100 % (oder 80 % für 150 Tage)

100 % (oder 80 % für 45 Wochen)

55 % für 15 Wochen (Höchstsatz)

82 % für die ersten 30 Tage; 75 % für die restliche Zeit (Höchstsatz)

6 Wochen bezahlter Urlaub mit 90 %; 90 % des wöchentlichen Bruttos oder Pauschale für die 7.–39. Woche (was niedriger liegt)

Legende

- Europa
- Asien
- Nordamerika
- Australasien
- Afrika

† Höchstsatz begrenzt

* Zusätzliche Vergünstigungen während der Elternzeit möglich

	AUSTRALIEN*	NEUSEELAND	USA*	GHANA	ISLAND	GRIECHENLAND	IRLAND	ITALIEN	JAPAN*	CHINA	SINGAPUR	RUSSLAND	LITAUEN	ALBANIEN	SERBIEN*	INDIEN	IRAK
	75,2	76,9	75,2	75	73	72,2	72,2	71,6	64,4	61	60	57	56	47	46	27	19
	14,5	18,6	23,1			3,2	25,6		16,9								
	✓	✓	✗	✗	✓	✓	✗	✓	✗	✓	✓	✗	✓	✗	✓	✗	✓
	52	14	0	12	39	17	42	22	14	14	16	20	18	52	20	26	9
		100 †	0	1	80	100		90	67		100	100	100		100	100	100

80 % in den ersten 6 Monaten, danach 50 %

Beihilfe, ermittelt anhand des Durchschnittslohns der Firmenbeschäftigten

80 % für 26 Wochen (Höchstsatz)

18 Wochen zum Mindestlohnsatz (auf Bundesebene festgelegt)

2018

SPANIEN

MEHR ALS FÜNF MILLIONEN ARBEITNEHMERINNEN BETEILIGEN SICH AM ERSTEN FEMINISTISCHEN STREIK, DER AM INTERNATIONALEN FRAUENTAG STATTFINDET. SIE MACHEN DAMIT AUF DAS FRAUENFEINDLICHE KLIMA IHRES LANDES AUFMERKSAM. DAS MOTTO FÜR DIESEN TAG LAUTET: »WENN DIE FRAUEN STREIKEN, DANN STEHT DIE WELT STILL«.

2018

GROSSBRITANNIEN

CARRIE GRACIE SETZT SICH IM STREIT UM GLEICHE BEZAHLUNG MIT IHREM ARBEITGEBER BBC DURCH. ALS EINE DER DIENSTÄLTESTEN JOURNALISTINNEN HATTE SIE GEKÜNDIGT, NACHDEM BEKANNT WURDE, DASS IHR JAHRESGEHALT RUND 120 000 EURO UNTER DEM IHRER MÄNNLICHEN KOLLEGEN LAG. DIE ENTSCHÄDIGUNG IN HÖHE VON 325 000 EURO SPENDET SIE DER FAWCETT SOCIETY.

“

ICH MÖCHTE NICHT ALS DIE FRAU IN ERINNERUNG BLEIBEN, DIE SICH ÜBER GELD BESCHWERT HAT.

CARRIE GRACIE

SCHOTTISCHE JOURNALISTIN UND EHEMALIGE CHINA-KORRESPONDENTIN DER BBC

”

WOMEN'S MARCH 2017

Am 21. Januar nehmen mehr als sieben Millionen Menschen in mehr als 80 Ländern an Protestdemonstrationen gegen die Haltung von Präsident Trump und seiner Regierung gegenüber Frauen teil.

NORDAMERIKA

KANADA – 98 000 Teilnehmer an mehr als 30 Orten

USA – 5 000 000 Teilnehmer bei 653 Kundgebungen

MEXIKO – Mexiko-Stadt

SÜDAMERIKA

ARGENTINIEN – Buenos Aires

BRASILIEN – Brasilia

CHILE – Santiago

COSTA RICA – San José

PERU – Lima

WESTEUROPA

BELGIEN – 2000 Teilnehmer in Brüssel

DEUTSCHLAND – 4000 Teilnehmer in 7 Städten

FRANKREICH – 10 000 Teilnehmer in 8 Städten

GRIECHENLAND – 1000 Teilnehmer in Athen

GROSSBRITANNIEN – 100 000 Teilnehmer in 11 Städten

IRLAND – Dublin

ITALIEN – Rom

NIEDERLANDE – 3000 Teilnehmer in 2 Städten

ÖSTERREICH – 2000 Teilnehmer in Wien

PORTUGAL – 500 Teilnehmer in 5 Städten

SCHWEIZ – 3000 Teilnehmer in Genf

SPANIEN – 1400 Teilnehmer in 4 Städten

ANTARKTIS

ANTARKTIS – 120 Teilnehmer an 2 Orten

Legende

- Europa
- Nordamerika
- Afrika
- Antarktis
- Asien
- Südamerika
- Australasien

SKANDINAVIEN

DÄNEMARK – 5000 Teilnehmer in Kopenhagen

FINNLAND – Helsinki

ISLAND – Reykjavík

NORWEGEN – 2000 Teilnehmer an 4 Orten

SCHWEDEN – Proteste in Stockholm und Åre

OSTEUROPA

KROATIEN – Zagreb

TSCHECHIEN – 700 Teilnehmer in Prag

GEORGIEN – Tiflis

UNGARN – Budapest

KOSOVO – Pristina

LETTLAND – Riga

LITAUEN – Vilnius

POLEN – Proteste in 3 Städten

SERBIEN - Belgrad

OSTASIEN

HONGKONG – kleine Demos in Hongkong

JAPAN – Tokio

MACAU – Taipa

SÜDKOREA – 1000 Teilnehmer in Seoul

MITTLERER OSTEN

IRAK – Erbil

ISRAEL – Tel Aviv

JORDANIEN – Workshops in Amman

LIBANON – Workshops in Beirut

SÜD- UND SÜDOST-ASIEN

THAILAND – Bangkok

MYANMAR – »Solidaritätspicknick« in Yangon

PHILIPPINEN – 500 Teilnehmer in Manila

INDONESIEN – Jakarta

INDIEN – Proteste in mehr als 20 Städten

AFRIKA

GHANA – Accra

KENIA – 700 Teilnehmer im Karura-Wald in Nairobi

NIGERIA – Jos

SÜDAFRIKA – 500 Teilnehmer in Kapstadt

TANSANIA – 220 Teilnehmer in Daressalam

MALAWI – Lilongwe

AUSTRALASIEN

AUSTRALIEN – 17000 Teilnehmer in 3 Städten

NEUSEELAND – 3500 Teilnehmer an 4 Orten

SPORTLERINNEN

Auf dem Gebiet des Sports mussten Frauen besonders lang gegen Diskriminierung aufgrund ihres Geschlechts ankämpfen. Im vergangenen Jahrhundert gelang es ihnen jedoch, die männliche Vormachtstellung zu durchbrechen. Wir stellen Frauen vor, die mit ihren Pionierleistungen vorbildhaft auf andere wirkten.

1926 Die amerikanische Weltrekord-Schwimmerin **GERTRUDE EDERLE** schreibt Geschichte als erste Frau, die den Ärmelkanal durchschwommen hat.

1932 Die amerikanische Fliegerin **AMELIA EARHART** fliegt als erste Frau allein über den Atlantik. Als Vorkämpferin für die Gleichberechtigung beruft sie auch die Gründungsversammlung der »Ninety-Nines« ein, bei denen sich Pilotinnen organisieren können. Sie unterstützt auch das »Equal Rights Amendment« von 1923, das auf Bundesstaatsebene bis heute nicht vollständig umgesetzt wurde.

1958 Die Italienerin **MARIA TERESA DE FILIPPIS** startet als erste Frau bei einem Lauf zur Automobil-Weltmeisterschaft (heute Formel 1) beim Großen Preis von Belgien. Sie nimmt noch an zwei weiteren Grand-Prix-Rennen in Portugal und Italien teil.

1964 Die sowjetische Kunstturnerin **LARISSA LATYNINA** krönt ihre olympische Karriere in Tokio mit der 18. Medaille - sie ist die erfolgreichste Olympionikin überhaupt.

1973 **BILLIE JEAN KING**, die Nummer eins im Frauentennis, besiegt Bobby Riggs in einem Schaukampf (»Kampf der Geschlechter«). Als entschiedene Befürworterin der Gleichstellung gründet sie die »Women's Tennis Association« (WTA) und die Women's Sport Foundation (WSF).

1975 Die Japanerin **JUNKO TABEI,** Gründerin eines Clubs für Bergsteigerinnen, bezwingt als erste Frau den Mount Everest. Beim Aufstieg wurde das Lager auf 6300 Meter Höhe von einer Lawine verschüttet, wobei Tabei sechs Minuten bewusstlos unter dem Schnee lag, ehe Helfer sie ausgraben konnten. Sie bestieg Gipfel in 70 Ländern und hatte 1992 als erste Frau die Seven Summits, die höchsten Berge aller sieben Erdteile, bestiegen.

1986 Die Amerikanerin **NANCY LIEBERMAN** spielt als erste Frau in einem männlichen Verein der Profiliga. Sie ist auch die erste Frau, die ein männliches Profiteam trainiert, als Chefcoach der Texas Legends in der NBA Developmental League 2009.

1994 **MARTINA NAVRÁTILOVÁ**, US-Tennisspielerin mit tschechischen Wurzeln, tritt mit einem Allzeitrekord von 1438 Matchsiegen von der Bühne des Sports ab. Kein weiblicher oder männlicher Tennisstar war so erfolgreich.

1994 **ANN DANIELS** und **CAROLINE HAMILTON** sind die ersten Frauen, die sowohl den Südpol als auch den Nordpol als Teil einer rein weiblichen Expedition erreicht haben.

2005 Die britische Seglerin **ELLEN MACARTHUR** bricht den Weltrekord für die schnellste Weltumrundung, bei der sie ganz allein mehr als 27000 Seemeilen in 71 Tagen zurücklegt.

2015 **ENIOLA ALUKO** vom Chelsea Football Club wird Spielerin des Jahres und Spielerin des Tages im Finale des FA-Cups für Frauen. Sie absolvierte 102 Länderspiele für England und besitzt einen Jura-Abschluss mit Auszeichnung.

1993

GROSSBRITANNIEN

DIE FOOTBALL ASSOCIATION (FA) HATTE 1921 FRAUEN DIE BENUTZUNG DER STADIEN VERBOTEN UND DEM FRAUENFUSSBALL DAMIT DIE BASIS ENTZOGEN. ERST NACH DER GRÜNDUNG EINES FRAUENVERBANDS 1969 WURDE DIE ENTSCHEIDUNG 1970 REVIDIERT. 1993 GEHT DER FRAUENVERBAND IM NATIONALVERBAND AUF. DIE FA LOBT DEN »WOMEN'S FA CHALLENGE CUP« AUS, FÜR DEN SICH 137 TEAMS ANMELDEN.

2012

SAUDI-ARABIEN, KATAR, BRUNEI

ZUM ERSTEN MAL BEI DEN OLYMPISCHEN SPIELEN DÜRFEN IN LONDON ATHLETINNEN AUS SAUDI-ARABIEN, KATAR UND BRUNEI TEILNEHMEN.

“

JEDE ERFOLGREICHE FRAU SOLLTE ALS INSPIRATION FÜR EINE ANDERE DIENEN. WIR SOLLTEN EINANDER AUFRICHTEN.

SERENA WILLIAMS

TENNIS-CHAMPION AUS DEN USA, BISLANG ERFOLGREICHSTE GRAND-SLAM-GEWINNERIN IM EINZEL

”

1992

USA

DAS »CENTRE FOR REPRODUCTIVE RIGHTS« (CRR) WIRD GEGRÜNDET, EINE INTERESSEN-VERTRETUNG, DIE SICH WELTWEIT FÜR DIE REPRO-DUKTIVEN RECHTE VON FRAUEN EINSETZT. MITHILFE IHRER ANWALTLICHEN UNTERSTÜTZUNG KONNTE SEITHER EINFLUSS AUF DIE GESETZGEBUNG UND POLITISCHE UMSETZUNG IN MEHR ALS 50 LÄNDERN GENOMMEN WERDEN.

1993

SIMBABWE

DIE NEU ENTSTANDENE »CAMPAIGN FOR FEMALE EDUCATION« (CAMFED) FÖRDERT EINE GRUPPE VON 32 MÄDCHEN, UM IHNEN DEN BESUCH VON WEITERFÜHRENDEN SCHULEN ZU ERMÖGLICHEN. IM JAHR 2018 WURDEN BEREITS MEHR ALS 2,6 MILLIONEN KINDER ÜBER EIN NETZWERK VON MEHR ALS 5000 SCHULEN IM GANZEN SÜDLICHEN AFRIKA UNTERSTÜTZT.

2005

USA

DER »GLOBAL FUND FOR WOMEN« ERRICHTET DEN »LEGACY FUND«, DIE GRÖSSTE STIFTUNG DER WELT, DIE AUSSCHLIESSLICH FRAUEN ZUGUTE KOMMT. SIE VERTEILT JÄHRLICH MEHR ALS ACHT MILLIONEN DOLLAR AN VON FRAUEN GEFÜHRTE EINRICHTUNGEN.

2008

USA

START DER UNABHÄNGIGEN GEMEINNÜTZIGEN ORGANISATION »GIRL EFFECT«. SIE WILL ZEIGEN, DASS MÄDCHEN ENTSCHEIDEND DAZU BEITRAGEN KÖNNEN, IHRE LÄNDER VON DER ARMUT ZU BEFREIEN, WENN SIE DIE GELEGENHEIT DAZU BEKOMMEN. DIE VON DER NIKE FOUNDATION GEGRÜNDETE GRUPPIERUNG ARBEITET HEUTE AN NEUN STANDORTEN IN ALLER WELT UND IST IN 66 LÄNDERN AKTIV.

»Jede Gesellschaft muss sich daran messen lassen, wie sie ihre Frauen und Mädchen behandelt.«

Die Rechtsanwältin und ehemalige First Lady Michelle Obama trat während ihrer gesamten Karriere als unverblümte Verfechterin von Frauenrechten auf. Als erste Afroamerikanerin im Weißen Haus verhalf sie dort dem Prinzip der Inklusivität zum Durchbruch und startete die Initiative »Let Girls Learn«. Das Programm fördert Bildungsprojekte, die 62 Millionen Mädchen, die derzeit keine Schule besuchen, unterstützen und ihnen so neue Lebensperspektiven eröffnen. Sie machte auf das Problem der Armut aufmerksam, setzte sich für gesunde Ernährung ein und unterstützte die Initiativen der Obama-Administration, darunter den »Lilly Ledbetter Fair Pay Act« von 2009. Die Absolventin einer Eliteuniversität lernte ihren zukünftigen Ehemann als Mentorin bei dessen Praktikum in einer Chicagoer Anwaltskanzlei kennen. In ihren Memoiren *Becoming*, die 2018 erschienen, beschreibt sie, wie sie ihre Rolle als Mutter mit ihrem inoffiziellen Beruf – dem der First Lady – in Einklang brachte.

Michelle Obama

USA

1964–

MICHELLE
OBAMA

2009

BOLIVIEN

DAS SÜDAMERIKANISCHE LAND VERABSCHIEDET EINEN ZUSATZ ZUR VERFASSUNG, DER DIE REGIERUNG ZUR SCHAFFUNG GLEICHER POLITISCHER TEILHABE FÜR MÄNNER UND FRAUEN VERPFLICHTET. 2016 WAREN 53 PROZENT DER ABGEORDNETEN FRAUEN – DER ZWEIT-HÖCHSTE WERT WELTWEIT NACH RUANDA.

2017

RUANDA

RUANDA ÜBERHOLT AUFGRUND SEINES HOHEN ANTEILS VON FRAUEN AN DER POLITIK DEN BISHERIGEN PRIMUS SCHWEDEN UND WIRD INTERNATIONAL ZUM VIEL BEACHTETEN VORBILD: 61 PROZENT ALLER ABGEORDNETEN SIND WEIBLICH, SO VIELE WIE SONST NIRGENDWO AUF DER WELT.

2018

USA

DER »GLOBAL FUND FOR WOMEN« LEISTET IM LAUF DES JAHRES UNTERSTÜTZUNG BEI DER ÄNDERUNG VON 18 GESETZEN IN 14 LÄNDERN, DARUNTER DIE LEGALISIERUNG VON SCHWANGERSCHAFTSABBRÜCHEN IN CHILE.

2018

USA

BEI DEN HALBZEITWAHLEN (MIDTERM ELECTIONS) ZUM US-KONGRESS SCHREIBEN DIE KANDIDATINNEN GESCHICHTE: 90 FRAUEN WERDEN INS REPRÄSENTANTENHAUS GEWÄHLT – DAS IST REKORD. RASHIDA TLAIB UND ILHAN OMAR WERDEN ALS ERSTE MUSLIMAS IN DEN KONGRESS GEWÄHLT, DEB HAALAND UND SHARICE DAVIDS SIND DIE ERSTEN WEIBLICHEN ABGEORDNETEN MIT INDIGENEN WURZELN.

FRAUEN IN DEN SOZIALEN MEDIEN

Im 21. Jahrhundert revolutionierten die sozialen Medien die Organisationsmöglichkeiten von Feministinnen, mit globalen Plattformen für neue Communities, zum Erfahrungsaustausch und als machtvolles Werkzeug beim Vorantreiben von Veränderungen. Im Folgenden stellen wir herausragende Feministinnen in den sozialen Medien vor und zeigen, wie sie die Macht des Internets nutzen konnten.

2009 Die Kanadierin **ANITA SARKEESIAN** startet den Vlog feministfrequency.com, um sexistische Frauenbilder in der populären Kultur zu entlarven und mehr Feminismus in den Medien zu propagieren. Ihr YouTube-Kanal wird von 200 000 Abonnenten verfolgt und geht 2015 eine Partnerschaft mit Intel ein, mit dem Ziel, in der Technologie-Industrie Diversität und Inklusivität zu fördern.

2012 **LAURA BATES** gründet in Großbritannien das Projekt Everyday Sexism, eine Plattform, auf der Frauen ihre alltäglichen Erfahrungen mit Geschlechterungleichheit teilen können. Nach 20 Monaten hat das Projekt mit 50 000 Beiträgen in 18 Sprachen eine globale Dimension erreicht und dokumentiert sexistische Erfahrungen von kleinsten bis hin zu erschütternden Ausmaßen.

2013 In Deutschland geht **ANNE WIZOREK** mit #aufschrei viral. Unter diesem Hashtag teilen Frauen Erfahrungen mit sexueller Gewalt mit. Gleichzeitig steht der FDP-Politiker Rainer Brüderle im Mittelpunkt einer Sexismus-Debatte.

2014 Filmmaterial zeigt, wie der NFL-Spieler Ray Rice seine damalige Verlobte Janay Palmer schlägt. Häusliche Gewalt wird ein viel diskutiertes Thema. Die amerikanische Autorin **BEVERLY GOODEN** beginnt die Kampagne #WhyIStayed, die zeigen soll, wie schwer es ist, sich aus einer vom Missbrauch überschatteten Beziehung zu lösen.

2014

Die Britin **LAURA CORYTON** startet die Online-Petition »Stop Taxing Periods. Period.«, die die britische Regierung dazu veranlasst, die Besteuerung von Tampons aufzuheben, und die weltweit vergleichbare Aktionen auslöst.

2015

Die Afghanin **LALEH OSMANI** eröffnet den Hashtag #whereismyname, damit sich Frauen öffentlich zu ihrer eigenen Identität bekennen und so Tabus der afghanischen Kultur durchbrechen können.

2016

In Polen lanciert **MAŁGORZATA ADAMCZYK** #czarnyprotest (»Schwarzer Protest«) als Kampagne, bei der man Bilder von sich selbst in schwarzer Kleidung teilen soll, um gegen schärfere Abtreibungsgesetze zu protestieren. Kein anderer polnischer Hashtag wird in diesem Jahr so oft geteilt; er erreichte 44,5 Millionen Menschen.

2017

KAMLA BHASIN initiiert die Kampagne #PropertyForHer in Südasien, »Deine Tochter im Herzen und im letzten Willen«. Sie appelliert an Eltern, ihren Töchtern testamentarisch ein gleich großes Erbteil zu vermachen wie ihren Brüdern, die ihre Schwestern auch dabei unterstützen sollen.

2017

Die US-Schauspielerin **ALYSSA MILANO** ruft Frauen in aller Welt auf, Erfahrungen sexueller Gewalt unter dem von **TARANA BURKE** gestarteten Hashtag #MeToo zu teilen. Das löst eine weltweite Welle von Meldungen über Vergewaltigungen und sexuelle Übergriffe aus. Mehr als 4,7 Millionen User rufen den Hashtag in den ersten 24 Stunden auf Facebook auf. Ableger tauchen bald in 85 Ländern auf: in Spanien #YoTambien, in Frankreich #BalanceTonPorc (»Prangere dein Schwein an«) und in Italien #quellavoltache (»Damals, als ...«).

FEMINISMUS HEUTE: DIE »VIERTE WELLE«

Jede Generation von Feministinnen legt die Ziele und Prioritäten der Frauenbewegung neu fest. Das 21. Jahrhundert ist keine Ausnahme. Der Feminismus entwickelt sich in der heutigen international orientierten, digital bestimmten Welt weiter. Manche erkennen in dieser jüngsten Entwicklung bereits die »vierte Welle«, mit dem Argument, dass die sozialen Medien das Antlitz des Feminismus grundlegend verändert hätten. Online-Plattformen mobilisieren jüngere Generationen, stellen die Basis neu und breiter auf und ermutigen Frauen, über alltägliche Fälle von Sexismus zu sprechen, wie er ihnen sowohl persönlich als auch in den Medien begegnet.

Was sich nicht geändert hat, sind die Gründe, sich als Feministin zu bezeichnen. Auf der Ebene von Gesellschaft und Politik, in unseren Einstellungen und in unserem Handeln besteht nach wie vor Ungleichheit. Auf der Grundlage ihres Geschlechts werden Frauen und Männer unterschiedlich betrachtet und behandelt. Der Feminismus wird weiterhin die Überzeugung und das Engagement von Frauen fordern, bis diese auf der ganzen Welt frei sprechen und ohne Angst leben können.

Dieses Buch belegt schlaglichtartig, was erreicht werden kann, wenn Frauen zusammenstehen, mit einer Stimme sprechen und sich weigern, Rückschritte zu akzeptieren. Aber Feminismus beginnt beim Individuum: Dieses Buch soll uns Frauen zeigen, dass Feminismus auch bei jeder Einzelnen von uns beginnt. Jede kann entscheidend dazu beitragen, auf nötige Veränderungen hinzuweisen und Sexismus oder Ungleichheit, denen sie oder andere ausgesetzt sind, deutlich anzusprechen.

Mit Mut, Entschlossenheit und Hoffnung ist die Zukunft weiblich.

HOPE HAS THE
POWER
TO
CHANGE EVERYTHING
CAMPAIGN
CANVASS
PROTEST
PERSIST

NAMENS-REGISTER

WEITERFÜHRENDE INFORMATIONEN

Dieses Buch kann nur eine erste Übersicht über den Feminismus darstellen. Im Folgenden eine Auswahl von Einrichtungen, die sich mit Geschichte und Errungenschaften der Frauenbewegung befassen:

Deutschland
Digitales Deutsches Frauenarchiv (DDF)
www.digitales-deutsches-frauenarchiv.de

FFBIZ e.V., Frauenforschungs-, -bildungs- und Informationszentrum
www.ffbiz.de
Eldenaer Straße 35 III, 10247 Berlin
Tel.: +49 - 30 / 95 61 26 78

FMT (FrauenMediaTurm) – Feministisches Archiv und Bibliothek
www.frauenmediaturm.de
Anna-Schneider-Steig 8, 50678 Köln
Tel.: +49 - 2 21 / 93 18 81-0

Hamburger Frauenbibliothek
www.hamburger-frauenbibliothek.de
Grindelallee 43, Sauerberghof,
Haus C, Aufgang C2, 20146 Hamburg
Tel.: +49 - 40 / 4 50 06 44

Österreich
Frauen*solidarität im C3 – Centrum für Internationale Entwicklung
www.frauensolidaritaet.org
Sensengasse 3, A-1090 Wien
Tel.: +43 -1 / 3 17 40 20
Mail: office@frauensolidaritaet.org

Schweiz
feministische bibliothek
frauen_bibliothek @ sp!t
feministbibliobs.tumblr.com
Erlenstr. 44, CH-4058 Basel
Mail: fem_bib@immerda.ch

Frankreich
Archives du Féminisme
www.archivesdufeminisme.fr
22 bis Cour des petites maisons,
49100 Angers
Tel. : +33 - 2 41 / 22 63 87

Großbritannien
Feminist Library
feministlibrary.co.uk
5 Westminster Bridge Road
London SE1 7XW

Women's Library, London
www.lse.ac.uk/library/collections
LSE, Houghton Street
London WC2A 2AE

Pankhurst Centre, Manchester
www.pankhursttrust.org
60-62 Nelson St
Manchester M13 9WP

Die Originalausgabe erschien erstmals 2019 unter dem Titel *We Are Feminist: An Infographic History of the Women's Rights Movement* bei Elwin Street Productions Limited.

Conceived and produced by
Elwin Street Productions Limited
14 Clerkenwell Green
London EC1R 0DP
www.elwinstreet.com

Projektleitung: Julie Kiefer
Übersetzung aus dem Englischen, Lektorat und Satz:
VerlagsService Dietmar Schmitz GmbH
Texte: Jessica Payn
Illustrationen: Rebecca Strickson (S. 8, 48, 84, 125)
Design und Layout: Natalie Clay
Coverdesign: Cornelia Niere, München
Herstellung: Andrea Cobré

Bildnachweis:
Illustrationen: © Rebecca Strickson, S. 8, 48, 84, 125;
Alamy Stock Photo: © dpa picture alliance, S. 104; © Everett Collection Historical, S. 59; © Everett Collection Inc, S. 71; © Granger Historical Picture Archive, S. 31; © INTERFOTO, S. 67; © Keystone Pictures USA, S. 62; © Kristoffer Tripplaar, S. 119; © Paul Pickard, S. 99; © Photo 12/Archives Snark, S. 37; © SCPhotos, S. 92; © World History Archive, S. 19. © Shutterstock, S. 26–27, 38–39, 64–65, 76–77, 80–81, 110–111.

Gedruckt in Malaysia

ISBN 978-3-7913-8597-6

www.prestel.de